TREASURES IN THE DESERT:
SELECTED BADAIN JARAN PETROGLYPHS

大漠遗珍
巴丹吉林岩画精粹

范荣南　范永龙　主编

文物出版社

责任编辑：冯冬梅

责任印制：梁秋卉

图书在版编目（ＣＩＰ）数据

 大漠遗珍 ：巴丹吉林岩画精粹 ／ 范荣南，范永龙主

编． -- 北京 ：文物出版社，2014.9

 ISBN 978-7-5010-4084-1

 Ⅰ．①大… Ⅱ．①范… ②范… Ⅲ．①岩画－阿拉善

右旗－图录 Ⅳ．①K879.422

 中国版本图书馆CIP数据核字(2014)第203864号

大漠遗珍——巴丹吉林岩画精粹

出版发行　文物出版社

社　　址　北京市东直门内北小街2号楼

网　　址　www.wenwu.com

邮　　箱　web@wenwu.com

制版印刷　北京图文天地制版印刷有限公司

经　　销　新华书店

开　　本　889×1194　1/16

印　　张　17.75

版　　次　2014年9月第1版

印　　次　2014年9月第1次印刷

书　　号　ISBN 978-7-5010-4084-1

定　　价　320.00元

《大漠遗珍——巴丹吉林岩画精粹》编辑委员会

主　任　杨　海　罗志伟

副主任　王大方　牧　仁　李发荣

编　委　关大勇　魏智广　张尚吉　范荣南　王守祺

　　　　张有万　张有里　范永龙　邱军旭　五　一

主　编　范荣南　范永龙

序〔一〕

    阿拉善右旗地处内蒙古自治区西部。南邻河西走廊，北接蒙古高原，东通宁夏，西去新疆，自古便是我国北方草原地带北上南下、东通西联的重要陆路通道。

    这里幅员辽阔，历史悠久，文化底蕴深厚。史前时期，人类活动频繁；春秋、战国以来，北狄、月氏、鲜卑、羌、匈奴、柔然、突厥、吐蕃、党项、蒙古等众多古代游牧民族先后在这里繁衍生息；自汉始，历代中原王朝在这里进行有效管理，守疆拓土。农耕文化与草原文化在这里不断冲突、融合，相映成辉，留下了众多珍贵的历史文化遗存。

    多年来，在各级党委、政府和文化主管部门的重视与支持下，经过广大文物工作者的不懈努力，当地的文物保护管理工作成效显著。经过调查和普查，全旗共发现各类文物点500多处，各级重点文物保护单位295处。其中，全国重点文物保护单位2处，自治区级文物保护单位7处，盟级文物保护单位31处，旗级文物保护单位255处。

    岩画是阿拉善右旗众多历史文化遗存中的重要组成部分，该旗5个苏木、镇均有岩画分布。巴丹吉林沙漠周边的山地岩画分布非常集中，包括曼德拉山岩画群、笔其格岩画群、海日很岩画群、苏亥赛岩画群、雅布赖山手印岩画群等69处，3万多组，数十万个个体，统称为巴丹吉林岩画。这些岩画具有分布广、数量多、时代延续长、内容丰富、题材多样、画面清晰等特点，是我国北方古代民族文化艺术园地中的一朵耀眼夺目的奇葩。被国内外专家盛赞为"美术世界的活化石"。

    巴丹吉林岩画中最具代表性的当数曼德拉山岩画群，位于阿拉善右旗曼德拉苏木克德呼都格嘎查境内，极为密集，在东西6千米、南北3千米的范围内分布着4234幅岩画，属月氏、羌、匈奴、鲜卑、回纥、党项、蒙古等北方少数民族制作，造型技法有凿刻、磨刻和线刻，内容为狩猎、放牧、战斗、神佛、日月星辰、寺庙建筑、舞蹈、竞技以及游乐等。为研究我国北方少数民族的历史、艺术、美学、宗教、民俗、民族、环境等提供了珍贵而翔实的资料。2013年，曼德拉山岩画群由国务院公布为全国重点文物保护单位。

    内蒙古草原地带是我国古代岩画资源的富集区，以阴山岩画、巴丹吉林岩画、乌兰察布岩画最为典型，东西横亘几千千米，形成了世界上最长、内容最为丰富的古代艺术长廊，是我国古代北方草原文化的历史实证和重要载体。加强这些岩画的保护和研究，始终是内蒙古自治区文物保护工作的重要内容之一。

《大漠遗珍——巴丹吉林岩画精粹》是在阿拉善右旗多年文物保护工作成果的基础上，精心筛选，以图录的形式向我们展示了该地区古代草原先民丰富多彩的生产和生活面貌，通过一幅幅形象而生动的历史画卷再现了草原文化的恢弘气势。书中详细的释读更为我们进一步了解古代岩画，解读中国北方历史，研究草原文化提供了很好的帮助和启迪。

《大漠遗珍——巴丹吉林岩画精粹》是在范荣南同志的主持下编辑完成的。多年来，他始终致力于岩画保护工作，为自己所从事的文物保护事业作出了很大的奉献和牺牲。2007年，范荣南同志被国家文物局评为全国文化遗产保护工作先进个人。我曾三次到阿拉善右旗进行调研和考察，对阿拉善右旗的文物保护工作有着较深的了解，十分钦佩范荣南这样在基层一线默默工作、辛勤奉献的同志们。此次受邀，欣然为该书作序，希望能借此表达对我区基层文博战线上的广大文物保护工作者的一份敬意，希望在大家的共同努力下，我区的文物保护事业蒸蒸日上，不断取得新的佳绩。

草原文化是中华文明的多元构成之一。我区发现的古代岩画作为草原文化的重要历史载体，保留和记录了丰富的历史与文化信息，是弥足珍贵的历史文化遗产，体现着古代北方草原民族的勤劳与智慧，彰显着中华文明的博大与精深。加强岩画遗产的保护和研究，对于揭示中华文明的历史进程，挖掘草原文化的丰富内涵，增强文化认同和民族自信，实现中华繁荣与腾飞意义重大，影响深远。我期待着，我区的文物事业能在岩画保护研究领域走得更好，走得更远。

是为序。

内蒙古自治区文化厅副厅长

内蒙古自治区文化厅文物局局长、研究员

安泳锝

2014年8月2日于呼和浩特

PREFACE I

Alxa Right Banner is located in western Inner Mongolia Autonomous Region. Bounded by the Gansu Corridor on the south, the Mongolian Plateau on the north, Ningxia to the east and Xinjiang to the west, ever since ancient times it has held important land routes linking the north and the south, the east and the west the prairies of northern China.

This vast land boasts a long history and profound culture. In prehistoric times, it witnessed frequent human activities. The centuries since the Spring & Autumn and Warring States periods saw nomadic peoples live and multiply here, including the Beidi, the Yuezhi, the Xianbei, the Xiongnu, the Rouran, the Turk, the Tibetans, the Tangut, Qiang, and Mongols. The Han Dynasty and subsequent Chinese dynasties each effectively administered this area and used it as a base for territorial defence and expansion. This was also the area in which agrarian and nomadic culture clashed, blended and lent mutual splendour. As a result, numerous precious historic relics have been passed down to the present.

For many years, with the concern and support of Party committees, governments and authorities at all levels, and thanks to unremitting efforts made by archaeologists, the Banner has made remarkable achievements in cultural heritage conservation. Research and surveys have led to the discovery of 500 historic sites of various types. A total of 295 historical sites have been placed under protection at various levels, of which 2 enjoy state−level protection, 7 at the regional level, 32 at the league level, and 255 are at the banner level of protection.

As an important part of the abundant cultural heritage in Alxa Right Banner, petroglyphs, can be found in all five sumus and towns. They are particularly concentrated in the mountainous belt around the Badain Jaran Desert, which includes the Mandela Mountain Petroglyphs, Biqige Petroglyphs, Hairihen Petroglyphs, Suhaisai Petroglyphs, and Yabrai Mountain Handprint Petroglyphs. Located at 69 sites, they have been referred to as Badain Jaran Petroglyphs and amount to hundreds of thousands of examples grouped into over 30,000 setsPetroglyph. Widely distributed, large in number, wide−ranging in time, varied in subject and content, and preserved intact and distinct, they are a dazzling pearl on the crown of ancient ethnic culture and art in northern China and have been reputed by both overseas and domestic experts as 'living fossils in the world of fine arts'.

The Mandela Mountain Petroglyphs are arguably the most representative of Badain Jaran Petroglyphs. Located densely at Kedehudu Gega ("village"), Mandela Sumu, Alxa Right Banner, 4,234 petroglyphs, created by northern Nomadic peoples including the Yuezhi,the Qiang, the Xiongnu, the Xianbei, the Uyghur, the Tangut, and the Mongols span 6 kilometres from east to west and 3 kilometres north to south. Using such techniques as chiselling, engraving and scratching, they represent such subjects as hunting, grazing, fighting, gods and deities, the sun, moon and stars, religious architecture, dancing, athletics and entertainments and offer valuable, detailed and accurate materials for research on the history, art, aesthetics, religion, folklore, ethnology and environment of ethnic minorities in northern China. In 2013, Mandela Mountain Petroglyphs were declared by the State Council as a key historic site under state protection.

The prairie area of Inner Mongolia has been found to have a concentration of ancient Chinese petroglyphs, represented by the Petroglyphs of the Yinshan Mountains, Badain Jaran Petroglyphs and Ulaan Chab Petroglyphs. Spanning thousands of kilometres from east and west, they form the world's longest, most diversified corridor of ancient art, bearing witness to and embodying northern prairie culture in ancient China. They have been an important focus of Autonomous Region's work of cultural heritage conservation.

Based on the achievements made by Alxa Right Banner over the past several years, the Badain Jaran Petroglyphs shine significant light on the colourful production and life of ancient prairie inhabitants and, by depicting historical scenes in a vivid and lively manner, represent the impressive prairie culture. The book's detailed interpretations offer an excellent opportunity to improve our knowledge of ancient petroglyphs, gain insight into the history of northern China, and research prairie culture.

The compilation of Badain Jaran Petroglyphs was completed under the supervision of Mr. Fan Rongnan. Over the years, he has persisted in his commitment toward the conservation of the petroglyphs and has made contributions and sacrifices to the cause of cultural heritage protection, to which he has devoted himself. In 2007, he was named a National Outstanding Individual in the Work of Cultural Heritage Protection. I have conducted three investigations and inspection visits to Alxa Right Banner. I therefore have a moderately good understanding of the Banner's cultural heritage conservation and respect comrades like Fan Rongnan who have worked silently and diligently on the forefront with the grassroots. I am very much honoured and pleased to have the chance to preface Badain Jaran Petroglyphs, in hopes that in so doing I can express my respect for grassroots cultural heritage workers in our region. Through our respective joint efforts, it is my hope that the undertaking of cultural heritage protection may prosper and realize continuing and ongoing achievements.

Prairie culture is a component of variegated Chinese culture. The ancient petroglyphs discovered in our region are important proof of prairie culture, which preserve abundant historical and cultural information. They represent valuable cultural heritage, and embody the diligence and wisdom of ancient nomadic peoples in the north while at the same time manifesting the breadth and profoundness of Chinese civilisation. To strengthen the conservation and research of the petroglyphs is of great significance and of far-reaching influence in helping to shed light on the history of Chinese civilisation, exploring the rich meaning of prairie culture, building up cultural identification and national confidence, and realising China's prosperity and emergence. I hope that our region's undertaking of cultural heritage may fare ever better in the conservation and research of petroglyphs.

Such is the preface.

An Yongde
Research Fellow,
Deputy Director-general and Cultural Heritage Administration
Director, Culture Department of Inner Mongolia
2 August, 2014, Hohhot

序〔二〕

巴丹吉林，以"奇峰、鸣沙、湖泊、神泉、古庙"五绝著称的神奇沙漠，阿拉善右旗，因沙漠而美丽的文化原乡。浩瀚的巴丹吉林沙漠在雅布赖山、龙首山、合黎山的簇拥下横亘于阿拉善盟中部。大漠、山脉、绿洲和城镇交织出雄浑壮美的自然画卷，更蕴含着千古传承的历史与文化气息。绵延起伏的沙海中遗落了许多先秦文明的灿烂记忆，苍茫雄阔的山脉中珍藏着古代游牧民族的历史传奇，卓然守望的绿洲里脉动着久远文化的气韵和昂扬向上的精神，它们交相辉映，昭示出这片土地绵绵不息的生机与活力。

巴丹吉林岩画是阿拉善右旗境内古代岩画遗存的总称。这些岩画分布在以曼德拉山为核心，包括雅布赖山、东大山和北山（龙首山、合黎山）等多处，面积约3万平方千米的山地区域内。据调查统计，共有岩画3万多幅。其中最具特色，最为集中的当属曼德拉山岩画群，约18平方千米的范围内分布有4000多幅岩画，分布密度世界罕见。雅布赖山沿线的手印岩画更是将我们带到了万年前的梦境。

巴丹吉林岩画是古代北方游牧民族的历史写照。自先秦以来，这里始终是匈奴、鲜卑、回鹘、突厥、吐蕃、党项、蒙古等历代游牧民族繁衍生活的重要地带。岩画成为他们牧猎生产与游牧生活的真实记录，内容涉及政治、经济、军事、文化和宗教信仰等方方面面。有狩猎、放牧、动物、出行、战争、舞蹈、游戏、娱乐、崇拜、宗教、文字与符号等很多人类朝霞时期的生产生活场景和文化展示，使我们有幸感知他们的精神家园和集体智慧。从新石器时代起，至元明清，岩画制作年代跨度很大。为我们研究古代北方游牧民族的历史提供了直观而形象的考证依据，具有很强的证史和补史作用，历史和科研价值很高。

巴丹吉林岩画是古代北方游牧民族的艺术杰作。历经千万年岁月的风雨洗礼，依然生动而鲜活地传递着古代先民浓烈的艺术表达和审美情趣。这些作品题材丰富，制作手法多样，有磨刻、凿刻和线刻等多种形式，有的古拙质朴，有的生动逼真，有的极尽夸张，有的简洁抽象，尽显艺术张力，成为美术界的宝库，被我国著名岩画学者盖山林誉为"美术世界的活化石"。特别是曼德拉山岩画，依山而凿，精心刻画，一步一景，堪称艺术画廊，具有极高的艺术价值和观赏性。

巴丹吉林岩画是古代北方环境变迁的重要实证。画面中的个体数量，动物形象几乎达到百分之八十，有山羊、骆驼、盘羊、黄羊、马、驴、蛇、鹰，还有当地绝迹或少见的鸵鸟、野牛、野马、老虎、豹、麋鹿等。这足以证明，早在在六七千年以前，这里水草丰美，动物成群，野兽出没，一派疏林草原景观，尽现天地人合气象。大量以动物为主题的岩画为我们研究本地区气候环境的历史变迁提供了有力支持。

巴丹吉林岩画是珍贵的历史文化遗产和资源。他对于我们研究中国古代社会发展史、民族史、畜牧史、美术史以及民族迁徙等具有重要的学术价值。长期以来在各级党委政府的高度重视下，在文化文物部门的不断努力下，巴丹吉林岩画得到了有效的保护，1996年，曼德拉山岩画被列为内蒙古自治区文物保护单位，2012年，被列为全国重点文物保护单位。同年，曼德拉山岩画国际学术研讨会在阿拉善右旗召开。随着相关保护、研究和宣传工作的不断深入，巴丹吉林岩画影响不断提升，成为一张地区名片。

当前，在党的十八大关于文化大发展大繁荣战略的指引下，阿拉善右旗的文物保护事业迎来了新的挑战和难得的发展机遇。如何深入贯彻自治区党委政府和盟委行署加强文物保护研究，促进文化旅游融合，实现文化强盟、文化惠民的发展新思路，已成为一项重要的课题。我们应当在大力保护和深入研究的基础上，合理利用巴丹吉林岩画这一历史文化资源，使其在地区文化传承繁荣、经济健康发展、社会和谐进步等方面发挥更大的作用，体现更大的价值，这也是我们编辑出版此书的意义所在。

中共阿拉善右旗旗委书记　杨　海

篷、手印、蹄印、男女交媾、巫师作法以及各种符号等。除此之外，那些展示大型围猎、狩猎、列骑、征战、弓箭、搏斗、迁徙、放牧、村落、西夏文字、宗教活动、图腾等的画面也很精彩。忠实地记录了古代巴丹吉林地区的自然生态和北方游牧民族的物质文化及精神文化生活，是反映这个地区古代社会的一面镜子。

巴丹吉林岩画绵延数百千米，跨越十余个世纪，是不同历史时期、不同民族经历了漫长岁月而创造的多民族艺术画廊。它们所表现出来的内容极为复杂，几乎囊括了岩画表现的所有形式，恰好为探究巴丹吉林地区人类活动提供了更为翔实的证据。据专家考证，岩画大约从旧石器时代晚期开始，经新石器时代、青铜时代、早期铁器时代、北朝至唐代，西夏至元、明、清时期。作画民族有羌、匈奴、柔然、突厥、回鹘、土蕃、党项、蒙古族等。岩画运用写实和抽象的雕刻艺术手法，揭示了不同时代、不同民族的经济生活、社会活动和宗教信仰。再现了古代巴丹吉林的自然生态和北方游牧民族的物质文化和精神文化生活。刻制手法之多样，艺术造诣之精湛，确属古代艺术精品之列，为研究我国北方少数民族的历史、艺术、美学、宗教、民俗、民族、环境等提供了珍贵而翔实的形象资料。同时，为考古学、民族学、历史学、美学、科技史、天文学、环境史、畜牧史、宗教史等多种学科提供了极为丰富的、真实生动的、可靠的研究资料。

亿年古海升腾的浩瀚造就了阿拉善右旗的广袤神奇，

万年岩画史诗的壮丽造就了巴丹吉林的远古文明。

SYNOPSIS

The Badain Jaran desert is located in the north of Alxa Right Banner, Inner Mongolia. With an area of 49.2 thousand square kilometres, it the second largest desert in China and is the third largest desert in the world. It has been rated by Chinese Geography as the most beautiful desert in China, one of the 50 most worthwhile destinations for foreign tourists, as well as one of the 30 most worthwhile places for adventure travel. It has also been jointly inscribed by the State Tourism Administration and China Adventure Association on the list of the first batch of 17 most representative adventure travel destinations in China. Lauded by writers as "a curve drawn by God and a wonder created by Heaven", it boasts five world−renowned highlights, including the "grotesque peaks, sounding sand, lakes, divine springs and ancient temples". This vast expanse of sand is also a silent witness to a long history and time−honoured civilisation. Connecting Ningxia and Baotou to the east, Jiayu Pass and Xinjiang to the west, and the Ejin River and Mongolia to the north, it is a geographic location crossed by the Silk Road before it enters the Gansu Corridor.

The Badain Jaran has borne witness to myriad cultures and civilisations over the past centuries. This plain expanse of wilderness is dotted with numerous world wonders and sights; on this magnificent land between Heaven and Earth, many historical legends have been born, many drastic changes of Nature have burst forth, and many little−known mysterious locales have gathered. According to historical records, before the Spring and Autumn Period (770−475 BCE), the Badain Jaran had been the living area of some clans and tribes; during the Spring and Autumn Period, it was the grazing place of the Beidi or"Northern Di"; during the Warring States Period (475−221 BCE) and Qin Dynasty (221−207 BCE), the living place of the Yuezhi; during the Western Han Dynasty (206 BCE−24 BC), the pastureland of the "Right Wise King" of the Xiongnu; during the Eastern Han Dynasty (25−220 CE) and Three Kingdoms Period (220−265), the grazing area of such ethnic minorities as the Qiang, Wuhuan, Xianbei and Xiongnu. In the Western Jin Dynasty (265−316), the Tufa and Xianbei grazed in the northwest of Alxa, the Helan branch of the Huns grazed to the west of the Helan Mountains, and the Tiefu branch of the Xiongnu roamed in the east of Alxa. During the Earlier and Later Zhao, Earlier and Later Qin and Xia dynasties of the Northern Dynasties (386−581), the northern and western parts of Alxa were the grazing area of the Rouran, and the south−western portion was the grazing area of the Tufa and Xianbei; during the Northern Wei, Western Wei and Northern Zhou dynasties, it was the pastureland of the Rouran and Turk. In the Sui and Tang dynasties (581−907), it was the living area of the different branches of the Turk; in the late Tang Dynasty, the grazing area of the Tibetans and Tangut; during the Five Dynasties (907−960), the shared living area of the Tibetans, Huihu and Dangxiang; during the Xi Xia and Jin dynasties, a grazing area of the Tibetans, Tangut, Uyghur, Dadan and Zupu under the jurisdiction of Walahai Lu, Xi Xia, as well as the garrison area of the Helan Mountain Garrison. Since the Yuan Dynasty (1271−1368), it gradually became the grazing lands of the Mongolians. In the Ming Dynasty (1368−1644), the Yi−bu−la, Yin−huo−shai, Zhe−li−tu and Zha−han−hu−dun branches of the Mongolians successively occupied this area. Amid the constant clashes and integration, they have created a splendid unique civilisation and left an abundance of cultural heritage.

From 2007 to 2011, the Combined Archaeological Team of Inner Mongolia conducted three comprehensive investigations of the Badain Jaran, which led to the discovery of over 60 pre-historic sites around the lakes in the heart of the desert. As it turns out, this area had seen human activities 3,000-5,000 years ago. So far, in Badain Jaran, there have been more than 500 immovable cultural relics and 255 historic sites uncovered and now under protection by different levels. Of them, the petroglyphs are like a brilliant pearl in the Badain Jaran.

Badain Jaran is an area where petroglyphs are most concentrated. Hundreds of thousands of individual paintings grouped into over 30,000 sets can be found at 69 locations, including Mandela Petroglyphs, Biqige Petroglyphs, Hairihen Petroglyphs, Suhaisai Petroglyphs, and Yabrai Handprint Petroglyphs. They are collectively referred to as Badain Jaran Petroglyphs.

Widely distributed, large in number, wide-ranging in time, varied in subject and content while at the same time being well-preserved, the Badain Jaran Petroglyphs have distinguished itself among similar properties both at home and abroad. It is a brilliant pearl on the crown of ancient ethnic culture and art in northern China, one of China's seven treasuries of petroglyphs in a Northern Chinese prairie area where petroglyphs concentrate, as well as an important component in the world treasury of petroglyphs.

Mandela Petroglyphs is the most representative of Badain Jaran Petroglyphs. Distributed densely at Kedehudu Gegacha ("village"), 14 kilometres to the southwest of the seat of Mandela Sumu ("township"), Alxa Right Banner, 4,234 petroglyphs, created by northern Nomadic peoples including the Yuezhi, Xiongnu, Xianbei, Uyghur, Tangut, Qiang, Mongols, span 3 kilometres from east to west and 6 kilometres from south to north. With techniques including chiselling, engraving and scratching, they represent subjects ranging from hunting, grazing, fighting, gods and deities, to the sun, moon and stars, religious architecture, dancing, athletics, and entertainment. Distinguished by remarkable workmanship, lifelike representations, vivid images and a simple and charmingly coarse style, they are akin to large-scale open-air museums of petroglyphs.

According to the archaeologists who have conducted research into the petroglyph colours, the temperature and sources of water, several years ago Mandela Mountain was a place surrounded by lake water and blessed with an abundance of water and grass. Many nomadic peoples who grazed and hunted lived and flourished here. The remarkably vivid images on the rocks all over the mountain reflect the history of these nomadic tribes. Some archaeologists believe that the petroglyphs date to different historical periods from remote antiquity to the Ming and Qing dynasties and span a period of approximately 6,000 years. As vivid visual records of the economy, culture and social life in Alxa from the remote antiquity to the modern times, these paintings are among the oldest artistic treasures the world has ever seen and have been praised by domestic and foreign archaeologists as "living fossils of fine arts". They are of impressively high quality and in great quantities.

Most Badain Jaran petroglyphs are engraved on steep cliffs. Their creation originated far back in history, and they had been gradually created by different peoples over a very long period of time. The major subjects they represent include animals, hunting, grazing, dancing, battles, villages, tents, handprints, hoof prints, sexual intercourse, sorcery, and various symbols. In addition, engravings depicting large—scale hunting activities, horse—mounted parades, war, archery, fighting, migration, grazing, villages, Western Xia script, religious activities and totems are also fascinating. They mirror the ancient society in this area by realistically recording the natural environment in Badain Jaran and northern nomadic peoples' material and cultural life in ancient times.

The Badain Jaran Petroglyphs stretch hundreds of kilometres and span over ten centuries in time. They are akin to a gallery jointly created by different ethnic groups over long periods of time. What they represent are extremely complicated and basically involve all the various forms of expression that can be seen in petroglyphs. As a result, they have provided more detailed evidence for studies on human activities in Badain Jaran. According to archaeological findings, the petroglyphs can be dated from the late Palaeolithic Age, through the Neolithic Age, Bronze Age, early Iron Age, Northern Dynasties and Western Xia Dynasty, to the Yuan, Ming and Qing dynasties. Their creators were of different ethnic groups, including the Qiang, Xiongnu, Rouran, Turk, Uyghur, Tibetans, Tangut, and Mongols. Combining realistic and abstract techniques of engraving, they shed light on the economy, life, social activities and religion of different ethnic groups in different times, as well as on the natural conditions in Badain Jaran and the material and cultural life in ancient times for northern nomadic peoples. Created with varied techniques, showing consummate artistic skills, they are indeed masterpieces of ancient art and have provided valuable, detailed visual materials for studies on the history, art, aesthetics, religion, folklore, ethnic identities, and environment of the nomadic peoples in ancient China. They have also supplied abundant, authentic, vivid and reliable research materials for a variety of disciplines including for archaeology, ethnology, historic studies, aesthetics, history of science and technology, astronomy, history of environment, history of animal husbandry, and history of religion.

Cradled by this wonderful vast land of Alxa Right Banner which had risen from sea eras ago, the ancient civilisation in Badain Jaran has condensed into the spectacular petroglyphs spanning ten thousand years.

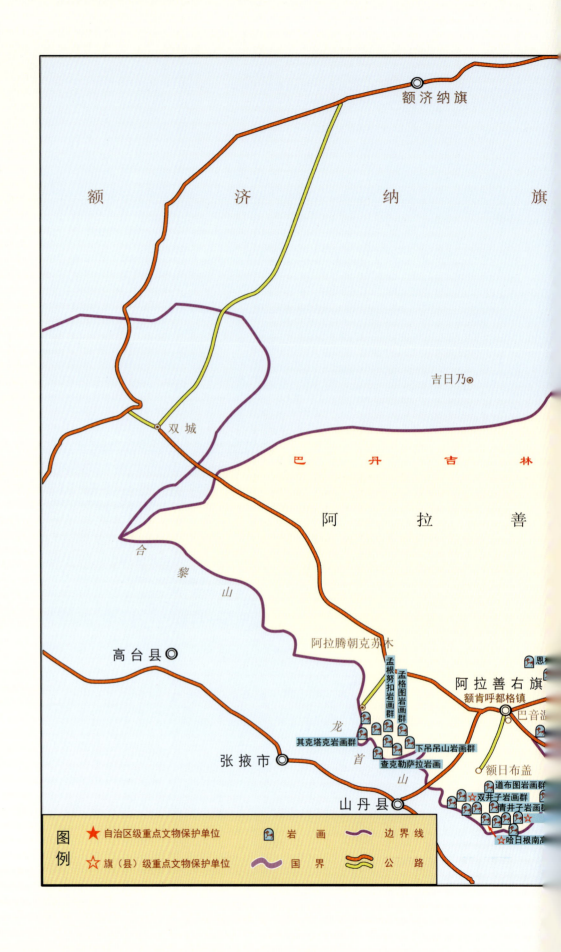

额济纳旗

额　　济　　纳　　旗

吉日乃◎

双城

巴　丹　吉　林

阿　拉　善

合

黎

山

高台县◎

阿拉腾朝克苏木

恩

孟根努扣岩画群

孟格图岩画群

阿拉善右旗

额肯呼都格镇

巴音温

龙

其克塔克岩画群

下吊吊山岩画群

查克勒萨拉岩画

首

额日布盖

山

道布图岩画群

☆双井子岩画群

☆青井子岩画群

张掖市◎

山丹县◎

☆哈日根南西

图例	★ 自治区级重点文物保护单位	🪨 岩画	〰 边界线
	☆ 旗（县）级重点文物保护单位	〰 国界	〰 公路

蒙 古 国

阿 拉 善 左 旗

沙 漠

右 旗

温图高勒 ◉

☆布勒古图岩画群

☆阿日嘎善山岩画群
恩格日乌苏 ○
郭德乌苏岩画群
☆布德日根岩画群
苏宏图 ○

笋布日

乌力吉 ○

☆海日罕岩画群
塔木素格布拉格

树贵

☆阿日格楞太岩画群
哈拉乌苏岩画群
颖勒森呼特勒手印岩画群
☆纳仁高勒岩画群
☆布墩苏海岩画群
曼德拉苏木
☆乌克日础鲁图岩画群

阿拉腾敖包镇

☆笔其格图岩画群

巴彦诺日公

★布布手印岩画

☆苏海赛岩画群
☆希博图岩画群

曼德拉山岩画群
夏日玛岩画群

雅布赖

雅布赖镇

萨日台
☆立沟泉水岩画群

羊
画群
陶荣木图岩画群
图岩画群

勒格图乌拉岩画群

管委会
岩画群

金昌市
民勤县 ◎

巴丹吉林岩画分布示意图
Distribution of Badain Jaran Petroglyphs

曼德拉山岩画群
MANDELA MOUNTAIN PETROGLYPHS

　　曼德拉山岩画群位于内蒙古自治区阿拉善盟阿拉善右旗曼德拉苏木呼德呼都格嘎查西南13.6千米的曼德拉山，海拔1736米。曼德拉蒙古语意为升起或腾飞。岩画分布在东西长3千米、南北长6千米的黑色玄武岩脉上，共发现岩画4234幅。其分布密集、内容丰富、题材多样、风格新奇、画面清晰、跨越时间长、雕凿技法精湛，具有较高的艺术观赏价值和历史价值，对于研究中国古代社会发展史、民族史、畜牧史、美术史以及民族迁徙等，具有重要价值。1996年被内蒙古自治区确定为自治区级文物保护单位，2013年被列为第七批全国重点文物保护单位。

The Mandela Mountain Petroglyphs are located on Mandela Mountain, with an altitude of 1,736 metres, 13.6 kilometres to the southwest of Hudehudu Gegacha ("village"), Mandela Sumu ("township"), Alxa Right Banner, Alxa League, Inner Mongolia Autonomous Region. In Mongolian, "mandela" means "to rise or fly". A total of 4,234 petroglyphs have been discovered on the belt of black basalts stretching 6 kilometres east to west and 3 kilometres north to south. Densely distributed, varied in content and subject, novel and original in style, well preserved, wide ranging in time, and showing consummate engraving skills, they are of great artistic, aesthetic and historical value. They are particularly valuable to studies on the evolution of ancient Chinese society, ethnic history, history of animal husbandry, history of art, and ethnic migration. In 1996, they were placed under region-level protection by the Inner Mongolia Autonomous Region. In 2013, they became inscribed on the list of the 7th batch of key historic sites under state protection.

部落械斗
INTER-TRIBAL CONFLICT

青铜时代
纵164、横87厘米
Bronze Age
Height: 164 cm
Width: 87 cm

凿刻制作。画面左侧有3个骑在马背上的人，手持长矛、利剑，与右侧5个徒步手持弓箭、长矛、利剑、棍棒的人形成对峙。反映了远古时代氏族、部落之间为争夺领地的一场械斗场景。

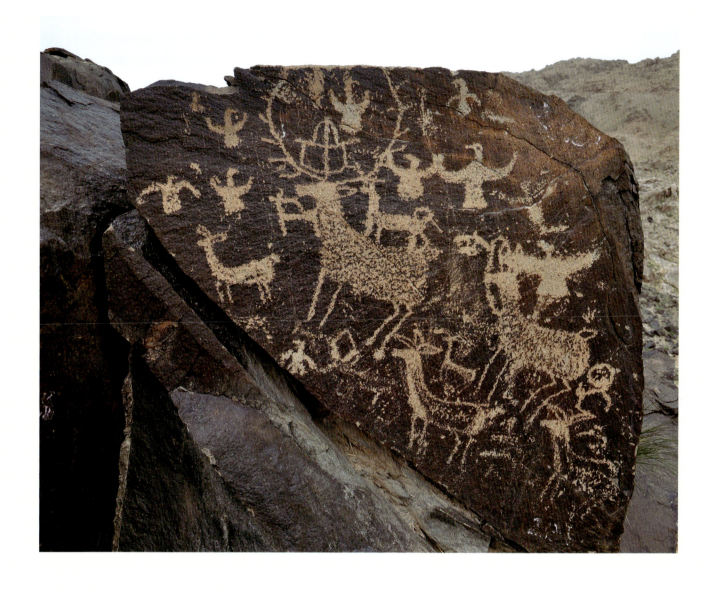

鹿与鹰
DEER AND WILD GEESE

青铜时代
纵73、横82厘米
Bronze Age
Height: 73 cm
Width: 82 cm

在画面的显著位置凿刻了2头马鹿，一雌一雄，一前一后昂然挺立。下方有3头雌性马鹿。马鹿上方有8只鹰凌空翱翔，另有1只站立于雌马鹿背部，雄性马鹿之下还有1只。此外，有盘羊、岩羊等动物散刻各处。鹿的形态健美，神态各异，双耳上耸远望，前腿弯曲，作机警状。画面构图简练，比例匀称，再现了青铜时代曼德拉山的动物世界。

鹿、盘羊与鹰
DEER, ARGALI AND EAGLE

北朝
纵39、横58厘米
Northern Dynasties
Height: 39 cm
Width: 58 cm

画面上方一只体型较大的羚羊被一只狼撕咬住了喉咙，正在全力挣扎。其下方有北山羊、盘羊、白唇鹿等。再下方有1个骑者和1个符号，其下方有草原鹰、骑者、盘羊、羚羊等组成的图案。

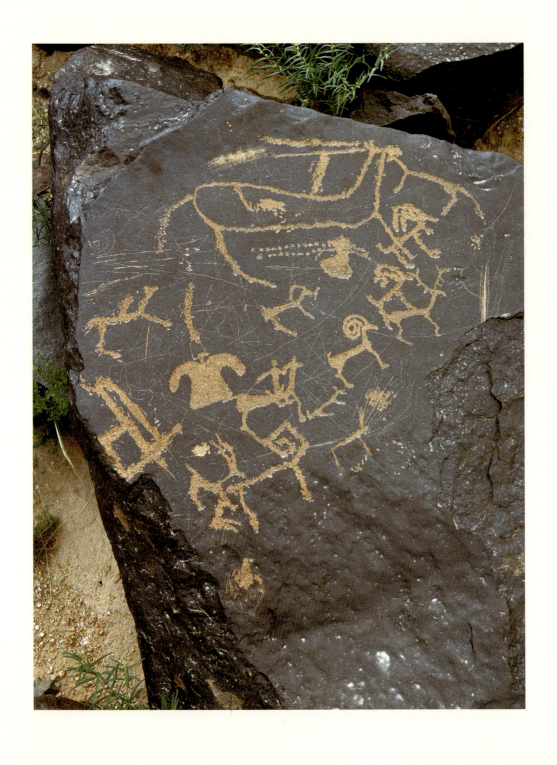

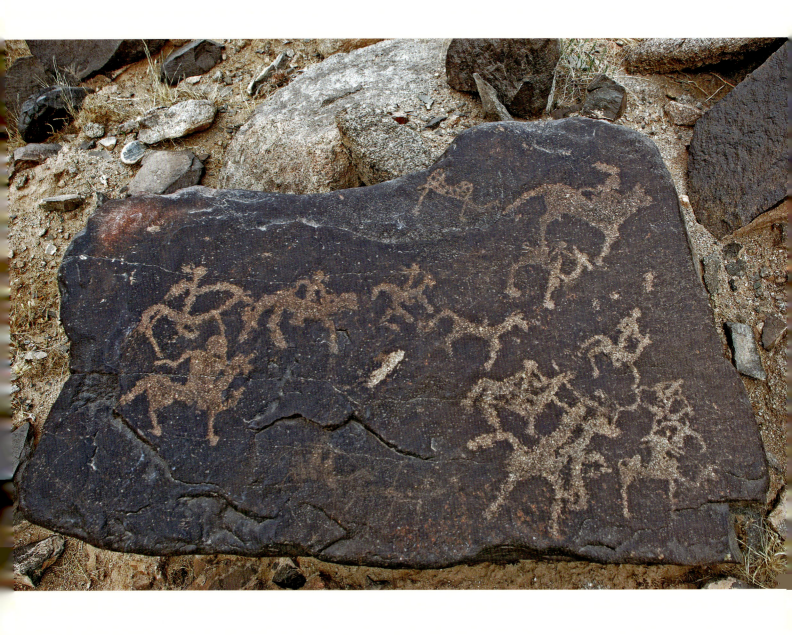

众骑者与草原鹰
RIDERS AND STEPPE EAGLE

北朝
纵68、横123厘米
Northern Dynasties
Height: 68 cm
Width: 123 cm

刻画了10个骑马者、2个骑骆驼者，正浩浩荡荡地前行。其中一个骑驼者手托草原鹰。草原鹰是游牧猎人狩猎常带的飞禽，对发现和猎取动物起着较大作用。有的骑者头上有饰物，在众骑者间有小驼羔和小马驹。画面刻画了集体狩猎的景象。

赶羊
CHASING AN IBEX

青铜时代、元代
纵47、横66厘米
Bronze Age and Yuan Dynasty
Height: 47 cm
Width: 66 cm

画面上方有1个女性骑马者，正在追逐1只北山羊，下方有1头牛，最下方酷似1个前腿被猎夹夹住的动物。根据画面颜色、刻痕判断，是一幅不同时代的作品。

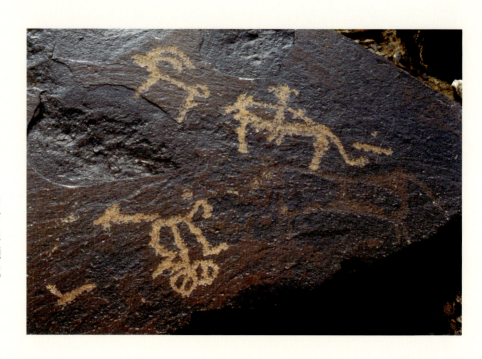

三鹿图
THREE DEER

早期铁器时代
纵32、横39厘米
Early Iron Age
Height: 32 cm
Width: 39 cm

刻画的3头鹿挺胸昂首站立、双耳上耸，栩栩如生。画面上方的2头梅花鹿，头左右相对，犄角较大，可能是2头公鹿为生存领地而角力。下方的1头体型较小的鹿，头向右观望。3头鹿形态十分健美。此岩画构图简练、匀称，艺术效果耐人寻味。

骑者与草原鹰
HORSE-RIDER AND STEPPE EAGLES

北朝
纵128、横135厘米
Northern Dynasties
Height: 128 cm
Width: 135 cm

画面上方有犬、鹰和猎人各一。犬在撕咬北山羊的后腿，鹰立于羊的背部，头戴羊角的猎人捉住北山羊的颈部。其下有十字形符号及圆点纹组成的图形。再下，左侧有2个骑马者，右有鹰、骑者及人、鹰、骑者缀连在一起的图形；右下方有1只羚羊，前方有1个弓箭手，一只猎鹰俯冲扑向羚羊，羚羊身后有一只犬撕咬着羚羊的臀部，右面有受惊的盘羊和羚羊四处奔跑。盘羊和羚羊角上均有鹰站立其上，分外有趣。刻画了猎人伪装成动物带着猎犬和驯化的鹰狩猎的场景，人与动物之间的角逐、动物之间的厮杀表现得非常细致，反映了生动形象的狩猎场面。

村落
HAMLET

青铜时代～唐代
纵142、横124厘米
Bronze Age – Tang Dynasty
Height: 142 cm
Width: 124 cm

　　敲凿制成。刻画了一个由18顶帐篷组成的村落。各帐篷间皆点缀着人形，人身着长裙，双手合十拱于胸前，作恭立状。其中左上方人最为高大，系女性，五官粗备，特意刻画出乳房。大帐篷是村落的中心建筑，最为高大。在大帐篷右侧有4排帐篷，共计10顶，样式基本相同。大帐篷左侧有2排共7顶帐篷、5个人形和似犬的动物。岩画再现了原始氏族部落村落的布局、帐篷的构造样式，是一幅反映母系氏族部落的繁衍生息图或氏族部落谱系图。

斑点纹、列骑者与羚羊
SPOTS, HORSE-RIDERS
AND GAZELLES

7～9世纪
纵120、横73厘米
7th–9th Centuries
Height: 120 cm
Width: 73 cm

刻画了十几个形态各异的骑马者，从不同的方向前行，均未备马鞍。还有羊行图案、猎北山羊、人形、鹰等及不规则斑点纹。马的躯体肥健、头部较小，马颈下皆有一束或多束毛发，应与吐蕃人的习俗有关。

野牦牛
WILD YAK

早期铁器时代
纵43、横64厘米
Early Iron Age
Height: 43 cm
Width: 64 cm

磨刻制作。刻画了1头具象性很强的雄壮公牦牛，昂首扬尾，十分彪悍，造型生动逼真，展现了鲜活的生命力和野性十足的韵味。

繁衍生息
FLOURISHING REPRODUCTION

青铜时代
纵33、横21厘米
Bronze Age
Height: 33 cm
Width: 21 cm

用金属器刻画了1顶帐篷。其外表覆盖着皮革，皮革上布满了人形，人形分为5层，每层人数不等。画面反映的应是一幅族谱或部落繁衍生息、人丁兴旺的情景。

骑驼出行
CAMEL-RIDERS

汉代
纵43、横75厘米
Han Dynasty
Height: 43 cm
Width: 75 cm

刻画了7个骑驼者，手握控驼的缰绳，分上下两队行进。骑者体态清晰。最前方有1个简略马形。此岩画可能是匈奴早期的文化遗物。

骑者、盘羊与骆驼
RIDERS, ARGALI AND CAMELS

唐代
纵120、横96厘米
Tang Dynasty
Height: 120 cm
Width: 96 cm

画面上方为3个骑马者，下面的骑马者身体前倾，一手控缰一手扬鞭疾驰，前方为一双峰驼。其下有骑马者、骆驼、盘羊和鹿等。画面下方有2个骑鹿者，朝同一方向前行。

西夏文
XI XIA SCRIPT

西夏
纵85、横44厘米
Xi Xia
Height: 85 cm
Width: 44 cm

画面中共有7行西夏文，右侧有一个线刻的幡或旗。左上方有4行西夏文，据宁夏社会科学院罗矛昆研究员翻译，汉意为："金国□□地(指今岩画所在地曼德拉山)通诸处，帝于四月之时显，祐助众生，众生颂于道上。"是说阿勒坦汗(俺答汗)于4月到今曼德拉山，祐助当地群众，于是群众就歌颂其功德。下方有3行西夏文，意为君子净心时，于圣天8月时，会见到金色的聪慧之女，像燕子似的飞舞而过。

此岩画的西夏文是最晚出现的西夏文之一，说明直到明代中晚期，今曼德拉山一带仍有党项人的后裔在此驻牧，并仍使用西夏文书写记事。

交媾
COPULATION

青铜时代
纵26、横20厘米
Bronze Age
Height: 26 cm
Width: 20 cm

画面中有3对交媾者、1个向右疾驰的骑者和1个正在分娩的妇女，1个呱呱落地的婴儿，与妇女头向相反，呈颠倒对称状。交媾图表达了远古先民繁衍后代和生殖崇拜的思想。

弓箭手
ARCHER

青铜时代
纵6、横4厘米
Bronze Age
Height: 6 cm
Width: 4 cm

刻画了1个彪悍男性，作执弓搭箭状，箭弓比人高，持弓人单手叉腰，上身裸露，臀部系兽皮。

众骑者
RIDERS

7世纪
纵45、横32厘米
7th Century
Height: 45 cm
Width: 32 cm

画面有5个骑者，为2个女性骑马者、2个男性骑马者和1个骑驼者，沿同一方向行进。最上方是用金属锐器划刻的骑者，时代比其他图形晚。此岩画反映的是吐蕃贵族出行的情景。

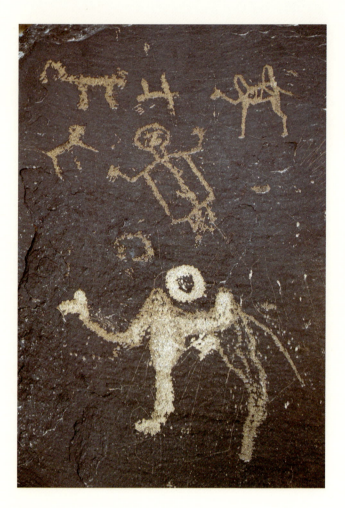

巫者、骆驼与太阳
SHAMAN, CAMELS AND THE SUN

青铜时代
纵59、横49厘米
Bronze Age
Height: 59 cm
Width: 49 cm

画面正中有1个巫者，双臂平伸，两手上举，五指分开，双腿较短，着对襟上衣。下方有1峰骆驼，双峰之上有1个圆圈形似太阳。巫者上方有双峰驼、犬、马等动物图形。

猎羊
IBEX HUNTING

早期铁器时代
纵23、横18厘米
Early Iron Age
Height: 23 cm
Width: 18 cm

刻画了1个体态健美的猎人，身着长袍，下露尾饰，作执弓搭箭状，正在猎取1只奔跑的北山羊。

叉腰人
MAN WITH HANDS ON HIPS

早期铁器时代
纵18、横21厘米
Early Iron Age
Height: 18 cm
Width: 21 cm

　　刻画了1个双手叉腰的人，形象彪悍，带尾饰，右侧有1个不明物。尾饰是古代猎人为接近猎物在狩猎时经常采用的伪装。

狩猎人
HUNTER

青铜时代
纵44、横28厘米
Bronze Age
Height: 44 cm
Width: 28 cm

　　刻画了1个人、1张弓，人带尾饰，弓箭置于地上，应为猎人设置的地箭，前方有1只山羊，身后有1匹马。

鹰猎羊
EAGLE PREYING ON GAZELLE

北朝
纵25、横20厘米
Northern Dynasties
Height: 25 cm
Width: 20 cm

　　画面左侧有1只羚羊，右侧有1只凌空飞翔的雄鹰，俯冲到羚羊前方，用翅膀横扫羚羊的颈部。此岩画记录了猎人用雄鹰捕捉猎物的情景。

骑羊者
IBEX-RIDER

铁器时代
纵21、横22厘米
Iron Age
Height: 21 cm
Width: 22 cm

　　刻画了1只身体健硕的北山羊，蹬足翘尾。1个人骑在北山羊背部，双手紧抓羊角，突出了羊角的形象。

猎人、猎犬与羚羊
HUNTER, HOUND AND GAZELLE

青铜时代
纵38、横52 厘米
Bronze Age
Height: 38 cm
Width: 52 cm

　　画面由10只羚羊、2只盘羊、1只犬、1个猎人和斑点纹组成。羚羊的形态各异。有猎人正在射猎盘羊，一条猎犬在盘羊身后撕咬盘羊的臀部。此岩画记录了猎犬帮助主人狩猎的情景，凸显了犬在狩猎中的作用。

牵驼者、梅花鹿与羊
MAN LEADING CAMELS, DEER AND GOATS

北朝
纵58、横52厘米
Northern Dynasties
Height: 58 cm
Width: 52 cm

画面上方有1人牵着2峰骆驼，其下有骑马者、拉弓搭箭者、持鞭的骑马者、执弓者，下方有山羊、北山羊和梅花鹿等图形。

骑者与双峰驼
RIDERS AND TWO-HUMPED CAMELS

青铜时代
纵27、横40厘米
Bronze Age
Height: 27 cm
Width: 40 cm

画面上方为1骑马者，下方为1骑羊者，其前方各有1峰奔跑的野骆驼，刻画了骑马者和骑羊者正在追逐野骆驼的景象。左侧有1幅简略图形，疑是一个人形。

巫者
SHAMAN

青铜时代
纵21、横12厘米
Bronze Age
Height: 21 cm
Width: 12 cm

　　刻画的巫者体形高大，躯体前倾，头部饰花冠，形似正在跳舞。远古时代，先民认为巫能够通天地，驱鬼神，可预知祸福，消灾祛病，所以人们希望通过巫把美好的愿望带给神灵并最终实现。

舞者
DANCER

青铜时代
纵15、横11厘米
Bronze Age
Height: 15 cm
Width: 11 cm

　　刻画了1个正在跳舞的女性，头大，单手叉腰，左手前伸，两腿外撇，带尾饰。

骑者与西夏文

HORSE-RIDER AND INSCRIPTIONS IN XI XIA SCRIPT

西夏
纵35、横56厘米
Xi Xia
Height: 35 cm
Width: 56 cm

　　画面右侧为1个骑马者；左侧有3行西夏文，时代较骑者为晚。经中国社会科学院民族研究所史金波研究员翻译，第一行为"一二三四五"；第二行为"咤明小狗成"，"咤明"是西夏党项人的姓，"小狗成"是党项人习用的人名；第三行为"囗月二"。

放牧、围猎
GRAZING AND HUNTING

青铜时代
纵74、横87厘米
Bronze Age
Height: 74 cm
Width: 87 cm

　　磨制、敲凿而成。画面由134个单体图像
组成，具象性较强。梅花鹿、麋鹿、草原鹰、
骑马者、骑鹿者散刻各处，还有岩羊、北山
羊、盘羊等。另有6个猎人，皆作执弓搭箭状。
画面表现了当地猎人和牧人的狩猎、放牧生活
和他们周围环境中的各种飞禽走兽。

白唇鹿与岩羊
WHITE-LIPPED DEER AND ARGALI

青铜时代
纵55、横71厘米
Bronze Age
Height: 55 cm
Width: 71 cm

刻画了猎人执弓箭狩猎的场景。狩猎对象是左上方1只拼命奔跑的北山羊，还有其下的4只白唇鹿。再下，右侧为1只牛用角从后面攻击前面的盘羊；左侧为3只呈奔跑状的北山羊，最下方为1只正在奔跑的白唇鹿，后腿缀连一物似猎夹，应正在躲避猎人的追捕。

西夏文与骑者
XI XIA SCRIPT AND RIDERS

西夏
纵54、横109厘米
Xi Xia
Height: 54 cm
Width: 109 cm

画面在显著位置凿刻了围猎场面，有骑驼者、骑马者、骆驼、弓箭、线段、花朵和西夏文。据宁夏社会科学院罗矛昆研究员的翻译，西夏文的汉意为"彼时内宫诸王在围猎练功"。可知，北方游牧民族，不管是西夏党项还是明代蒙古，内宫诸王都有"围猎练功"之制，围猎练功是战备练兵的重要手段。

捉盘羊、舞者与鞍具
ARGALI HUNTERS, DANCER AND HORSE GEAR

晋～北朝
纵38、横49厘米
Jin Dynasty - Northern Dynasties
Height: 38 cm
Width: 49 cm

画面由北山羊、手抓盘羊的人、骑者、雌雄盘羊和尾巴直立的犬、舞者、花朵纹和鹰等组成。骑者马背备鞍具。在骑者与盘羊间，鹰之上和骑者、盘羊之间各有一列斑点纹，疑是动物走过的蹄印迹，或者是岩画中的巫师施展魔法留下的痕迹。

古藏文
ANCIENT TIBETAN SCRIPT

7世纪
纵25、横34厘米
7th Century
Height: 25 cm
Width: 34 cm

系吐蕃时代的藏文。据中国社会科学院民族研究所黄颢研究员的翻译，其意为"敬礼佛，敬礼大菩提，敬礼大菩提"。字尚保留着古藏文的特点。

骑者
HORSE-RIDERS

早期铁器时代
纵35、横67厘米
Early Iron Age
Height: 35 cm
Width: 67 cm

画面左侧为同方向前进的4个骑马者，有1匹小马驹随行。右侧2个面对面的骑者，正在合力追堵一峰公骆驼。公骆驼左后方有1个圆圈，可能是猎取动物的陷阱，下方有2只北山羊。

猎羊
HUNTING IBEX

青铜时代
纵54、横44厘米
Bronze Age
Height: 54 cm
Width: 44 cm

画面反映的是一幅双人狩猎的情景。画面中有2个猎人，其中1人系尾饰，各执一张弓，拉弓搭箭，前后夹击，猎杀一只北山羊。

人面像
HUMAN FIGURE

青铜时代
纵38、横44厘米
Bronze Age
Height: 38 cm
Width: 44 cm

刻画了1个人形，双臂较长，十指叉开，身体酷似一个人面像。

鹰与猎羊
FALCON AND GOAT HUNTERS

青铜时代
纵38、横28厘米
Bronze Age
Height: 38 cm
Width: 28 cm

画面上方有1只凌空盘旋的草原雄鹰，下方有2名疾驰的骑马者，他们正在分别追逐右下的北山羊和盘羊。刻画了合力追猎的情景。

骑者与羊
HORSE-RIDERS AND GOATS

西周
纵41、横23厘米
Western Zhou Dynasty
Height: 41 cm
Width: 23 cm

画面右侧是上下排列整齐的3个骑马者，上方两骑有鞯无鞍，中间一骑有镫扣分刻在马两旁。下方一骑有马身，背部有鞍鞯。左侧是羊群，上、下各有1条犬。刻画了出牧的场面。

骑者与西夏文
HORSE-RIDER AND INSCRIPTION IN XI XIA SCRIPT

西夏
纵85、横44厘米
Xi Xia
Height: 85 cm
Width: 44 cm

画面上有1个骑公马者，一手持缰一手扬鞭，马似奔跑状，追逐前面的一头鹿。下方有2个残缺的西夏文字题记，内容不详。

梅花鹿、马与符号
DEER, HORSE AND SYMBOL

青铜时代
纵66、横33厘米
Bronze Age
Height: 66 cm
Width: 33 cm

画面最上方为1方形符号。其下为1匹马，缰绳由颈部垂下落于马蹄旁。马下方有1头梅花鹿，身体前胸部有一个形似棍棒、头部呈三角形的物体，刺透了梅花鹿的身体。最下方为1头雌性梅花鹿。岩画再现了聪慧猎人用地箭狩猎动物的情景。

猎岩羊与猎骑者
MOUNTAIN GOAT HUNTING AND MOUNTED HUNTERS

北朝~唐代

纵61、横55厘米

Northern Dynasties~Tang Dynasty

Height: 61 cm

Width: 55 cm

画面由岩羊、猎人、骑马者、弓、岩羊等组成。左上方刻画了2个人正在合力捕捉岩羊，一人抓住羊腿，一人捉住羊角。下方另有1只岩羊，前方有符号化的动物，后方有1张拉满的弓。画面中间有4个骑马者，其中右下方马的颈部和臂下有饰物。画面左下方有一组马和羊组成的图案。

骑战
MOUNTED FIGHT

青铜时代
纵57、横88厘米
Bronze Age
Height: 57 cm
Width: 88 cm

画面中有5个骑马者，骑姿各异，正盘弓搭箭，展开一场战斗。此岩画刻画了一场战斗的场面，充满了肃杀之气。

骑者与犬
HORSE-RIDERS AND HOUNDS

北朝～唐代
纵48、横29厘米
Northern Dynasties－Tang Dynasty
Height: 48 cm
Width: 29 cm

画面中有2个骑马者正在骑射，马头均插羽毛。其中上方一名持弓作拉箭状，面部五官备具；下方骑马者，正向后转身骑射，其左侧有几张线条状的弓箭。二骑者中间有一条犬追逐前方的一只狐狸。

骆驼队和驼图案
CAMEL CARAVAN

铁器时代
纵128、横68厘米
Iron Age
Height: 128 cm
Width: 68 cm

画面中有3个骑骆驼者，向同一方向行进。中间骑骆驼者正在驯骆驼，用力向上牵引驼头，驼姿呈跳跃状，后方跟随一峰体态消瘦的驼羔。上方有3个骑者，右侧两个骑驼，左侧的一个骑马。两个骑骆驼者，右侧的骑者手执缰绳用力控制驼头，左侧的驼头向左。画面下方有上下一组图像，上方是一个骑马者，下方骑者所骑之马身上有花格纹。

骑驼者
CAMEL-RIDER

早期铁器时代
纵31、横66厘米
Early Iron Age
Height: 31 cm
Width: 66 cm

　　画面用线条凿刻了1个骑驼者，一手执缰绳，一手执鞭催促骆驼行进，形似"火柴人"，简略且形象。

骑者
HORSE-RIDER

北朝～唐代
纵14、横22厘米
Northern Dynasties－Tang Dynasty
Height: 14 cm
Width: 22 cm

　　刻画了1个骑马者，马的体形细长，骑马者头戴"山"形帽，双臂向前后伸展，右臂伸至马头耳部，左手掌心向上。

猎羊
IBEX HUNTING

汉代
纵19、横21厘米
Han Dynasty
Height: 19 cm
Width: 21 cm

刻画了狩猎北山羊的场景。

马与蒙古文
HORSE AND INSCRIPTION IN
MONGOLIAN SCRIPT

清代
纵14、横23厘米
Qing Dynasty
Height: 14 cm
Width: 23 cm

刻画了1个体形矫健的马形，其前后方有蒙文题记。据内蒙古师范大学历史系白音查干教授翻译，马前方的题记为"涅槃"或"圆寂"之意；后方的题记为"苦难"或"地狱"之意。可能是喇嘛为超度亡灵进行祭奠，而刻画的马形或是逝者的爱骑。

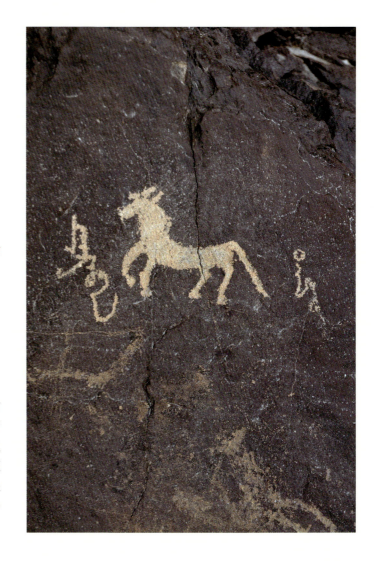

骑者
HORSE-RIDERS

西周
纵47、横33厘米
Western Zhou Dynasty
Height: 47 cm
Width: 33 cm

　　画面中有5个骑马者，其中，上方和中部的4个骑马者皆备有马鞍，中间有一匹马还配置了马镫或脚扣，左下方的一个骑马者作行进状。另有一个奔跑的符号化动物，背部有一根长杆。脚扣是马镫的前身，因此，这幅岩画是我国北方游牧民族在很早的时候就能熟练使用马镫的物证。

群舞
GROUP DANCE

清代
纵18、横15厘米
Qing Dynasty
Height: 18 cm
Width: 15 cm

　　画面是一个舞蹈场面，正中的舞者盘腿打坐，一手叉腰一手五指分开屈肘上扬。另有5个舞者围绕这个舞者翩然起舞，舞姿相同，都是一手叉腰一手前伸，手中均持环形物。

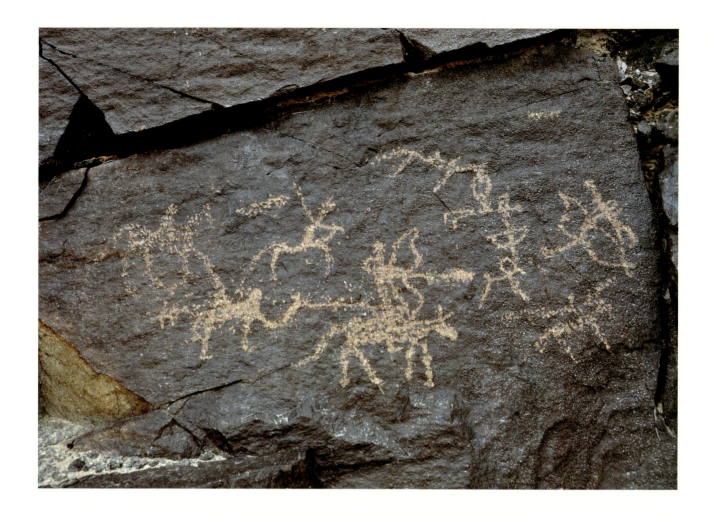

围猎盘羊
ARGALI HUNTING

早期铁器时代
纵36、横80厘米
Early Iron Age
Height: 36 cm
Width: 80 cm

画面左侧表现了围猎盘羊的场面。一只奔跑的盘羊被紧紧地围困在中央，几个猎人从不同方向分别用箭瞄准了盘羊，上方的猎人旁有一匹备鞍的马，猎人似刚从马上跳下来，其手中的箭已瞄准了盘羊的额头；左侧三个骑马者蜂拥而上，走在最前面的是一个骑猎者，后面牵着一双峰驼，紧随其后是一峰幼驼，猎人站于马鞍上，张弓对准盘羊的臀部；左下方有一个骑者，手持棍棒，一起围堵盘羊。此岩画再现了集体围猎盘羊的生动场面。

围猎
HUNTING

早期铁器时代
纵102、横97厘米
Early Iron Age
Height: 102 cm
Width: 97 cm

画面可分为上下两部分。上部分为狩猎场面，最上方为1
个骑马者；其下为1个引弓待发的猎人，弓比人大得多；弓箭
右下方有1个人形，左下方有1骑猎者，将箭对准1只岩羊；岩
羊下方为1步猎者，正瞄准1只北山羊；其右侧有1个骑者，手
中执物，前方有一犬、一羊及一蹄印；再右侧是骑猎野牛的
生动情景。下部有散立的12个骑牧者，有的旁有备用马，有
的腰中有佩箭。骑牧者间散刻北山羊、岩羊、牛等。画面左
下方有1个巫师，正作充满神秘意味的祈祷。岩画表现了狩猎
和祈祷的生动场面。

骑者与手
HORSE-RIDERS AND HANDPRINT

北朝
纵36、横64厘米
Northern Dynasties
Height: 36 cm
Width: 64 cm

画面由骑者、花瓣形符号及手形等组成。右侧有2个骑马者，马背备鞍，其下有2张带箭的弓。左侧为1个六指手形，敲凿而成，掌面宽大，带手臂，六指纤细自然分开。手印是一种世界性的题材，尤其在西方分布较为广泛，有占有、权利、我等寓意。手印出现在动物之间，喻示着对动物的控制或占有。

斑点纹、羚羊与骑者
SPOTS, GAZELLE AND HORSE-RIDERS

北朝~唐代
纵45、横66厘米
Northern Dynasties-Tang Dynasty
Height: 45 cm
Width: 66 cm

　　画面凿刻了1只肥大健硕的羚羊，腿细长，周围布满斑点纹，似飘落的雪花。羚羊前后方均有骑马者策马疾驰奔向羚羊。此岩画记录了在一次暴雪成灾的天气条件下，羚羊被困雪地、猎人乘机活捉羚羊的情景。

舞者
DANCERS

清代
纵15、横23厘米
Qing Dynasty
Height: 15 cm
Width: 23 cm

画面由5个舞者组成，正中舞者头顶束发髻，盘膝而坐，其他舞者舞姿各异。此岩画反映了热烈而和谐的舞蹈场面。

北山羊与狩猎者
IBEXES AND HUNTERS

早期铁器时代
纵172、横93厘米
Early Iron Age
Height: 172 cm
Width: 93 cm

画面上方7只北山羊正浩浩荡荡向前行进；中间显要位置刻画了一只盘羊，几个猎人分别瞄准了盘羊的颈部、臀部，盘羊身后的犬，似随时扑向盘羊，帮助主人取得猎物。此岩画动物刻画得栩栩如生、线条清晰，再现了巴丹吉林地区猎人们娴熟的狩猎情景。

交战
COMBAT

7～8世纪
纵65、横34厘米
7th–8th Centuries
Height: 65 cm
Width: 34 cm

　　画面中有1只北山羊、3个骑马者和3个徒步弓箭手，双方呈两列站立，弓箭手拉弓满月，瞄准对面的骑者。此岩画刻画了对阵作战情景。

骑者、犬与鹰
HORSE-RIDER, HOUND AND EAGLE

7～8世纪
纵38、横28厘米
7th–8th Centuries
Height: 38 cm
Width: 28 cm

　　画面刻画了1个骑马者，一手叉腰一手握缰绳，马背备鞍，马颈下挂繁缨和颈铃，其上方1只雄鹰在空中展翅翱翔，左下方有1条奔跑的犬。此岩画刻画了牧人携鹰领犬出行狩猎的情景。

舞者
DANCER

铁器时代
纵32、横36厘米
Iron Age
Height: 32 cm
Width: 36 cm

刻画了1个舞者，双臂平伸，手指张开，
两腿叉开，裸露着生殖器。

骑者与狩猎
HORSE-MOUNTED HUNTERS

汉代
纵88、横135厘米
Han Dynasty
Height: 88 cm
Width: 135 cm

　　画面中间有5个骑者，其中3个执弓箭，前堵后追射杀3只北山羊。最左侧的一个骑者，马身有方格纹，马备鞍及马镫，人立于马背上拉弓搭箭作瞄准状。另有一个手持长枪的人，身体呈马蹲步，将长枪刺向前方一个骑马者，枪头刺穿了马的颈部和骑者的身体。左侧最下方一个骑者，正驱赶着一个符号形动物；前方还有一个执弓的骑者。3个"火柴人"形散刻于骑者和北山羊之间。画面右上方有4只北山羊，其下有1双峰驼和3个线刻的骑者。此岩画刻画了狩猎的场景。

北山羊
IBEXES

青铜时代
纵34、横28厘米
Bronze Age
Height: 34 cm
Width: 28 cm

画面为4只北山羊，向同一方向前行。刻画了放牧归来的情景。

猎岩羊
HUNTING MOUNTAIN GOATS

北朝～唐代
纵71、横41厘米
Northern Dynasties－Tang Dynasty
Height: 71 cm
Width: 41 cm

画面中有20多只岩羊、鹰等，骑马者和猎人都在持弓对准岩羊群。此岩画刻画的是猎取岩羊的场景。

骑猎
HORSE-MOUNTED HUNTING

新石器时代
纵68、横102厘米
Neolithic
Height: 68 cm
Width: 102 cm

画面刻画的是狩猎的场景，主要有5个骑者，马的体态健美。最上方一个骑者正在猎杀奔跑中的盘羊；右侧一个骑者携鹰来助；中间两个骑者，马头相对，各自转身射杀身后的动物，左侧的骑者只见弓，推测箭已发出，马后有一个倒地的动物和一个骑者，马腿下方连着一个长线条，寓意不明。画面右下方有羊、犬、符号等。整个狩猎场面生动形象。

套羊
ARGALI NOOSING

早期铁器时代
纵62、横33厘米
Early Iron Age
Height: 62 cm
Width: 33 cm

画面上方有1个骑马者漫步前行，马下躺着1个已被猎取的猎物。下方1个猎人，站于方框（应为狩猎时的掩体）内，将盘羊赶入了用圆圈代表的陷阱或羊圈，准备进行猎取，盘羊正在拼命挣扎。

双峰驼与蒙古文
TWO-HUMPED CAMELS AND MONGOLIAN INSCRIPTION

元代
纵14、横15厘米
Yuan Dynasty
Height: 14 cm
Width: 15 cm

画面为1峰双峰驼，昂首挺立，骆驼前方有一行蒙文。据内蒙古师范大学历史系白音查干教授翻译，汉意为"吉祥如意"或"安康"，是蒙古族对骆驼的赞语，祝愿骆驼安康和雄健有力。

猎人
HUNTERS

青铜时代
纵73、横24厘米
Bronze Age
Height: 73 cm
Width: 24 cm

画面刻画的主要是几个猎人的形象，均系有尾饰。最上方的猎人，双臂微张，双腿微叉，其左侧有1只奔跑的羊；下方为1人形，再下有1猎人正左手抓狼嘴，右手抓一条狼尾；左侧有1个系尾饰并有头饰的人。下方有系尾饰的人、犬、马和动物图案。

舞者与斑点纹
DANCERS AND SPOTS

青铜时代
纵47、横36厘米
Bronze Age
Height: 47 cm
Width: 36 cm

画面中有北山羊、骑者、舞者及斑点纹。舞者均有尾饰，体态各异，或双手叉腰，或双臂外扬，或双手自然下垂。中间有一个人呈奔跑状，形似追逐前面的北山羊。整个画面充满了原始野性的韵味。

骆驼与马
CAMEL AND HORSE

北朝~唐代
纵29、横32厘米
Northern Dynasties–Tang Dynasty
Height: 29 cm
Width: 32 cm

画面上方有1个模糊动物形，下方有1匹向右行进的马和1峰卧倒的骆驼。此岩画系凿磨绘制，动物形态逼真、栩栩如生。

猎羊与众骑者
ARGALI AND HUNTERS

青铜时代
纵57、横87厘米
Bronze Age
Height: 57 cm
Width: 87 cm

画面刻画的是众猎人和骑者捕射猎物的景象。3个徒步执弓搭箭的猎人和2个骑者携鹰正在围猎盘羊、北山羊和羚羊。另有一人带一条卷尾的猎犬，向猎人方向轰赶羊群，猎犬姿态优美，有伺机扑向猎物之态。整个狩猎场面生动形象。

画面的右侧有3个骑马者，其中一个马背备鞍，猎人执弓搭箭似射击状，中间有一个系尾饰的人在翩翩起舞。

画面左上角有1个半方形框，框内有1只盘羊，可能是猎人设置的陷阱，前方有骑马者、北山羊、犬等图像，刻痕较新，应该是不同时代的作品。

众骑者与小鹿吮奶
RIDERS AND SUCKLING FAWN

唐代
纵65、横90厘米
Tang Dynasty
Height: 65 cm
Width: 90 cm

　　画面中凿刻了朝着同一方向行进的骑牛、骑马和骑羊者，骑者背后都露着鞍桥。还有奔跑的羚羊、北山羊以及幼鹿吸吮母鹿奶的图像。

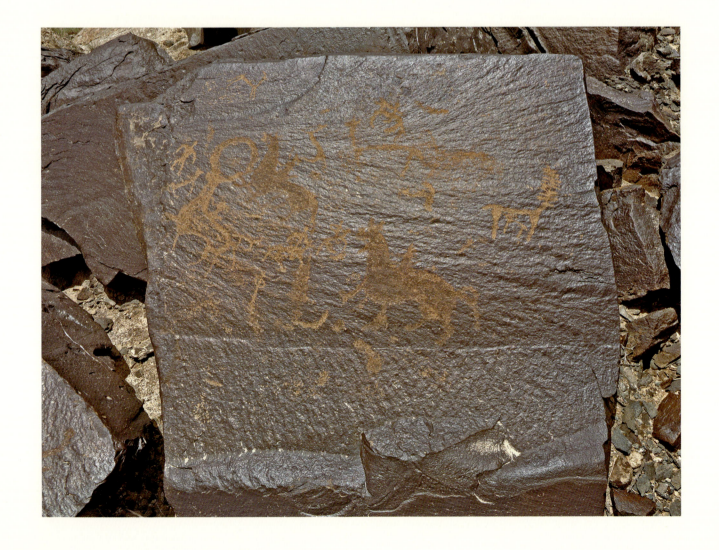

狩猎与骑牧
HUNTING AND HORSE-MOUNTED HERDING

7～9世纪
纵97、横100厘米
7th-9th Centuries
Height: 97 cm
Width: 100 cm

　　画面最上方有1只巨大的草原鹰，下方有5个骑者。画面中有骑猎者反身射杀后方的3只盘羊，有巫者正在施展法术，有手持弓箭的猎人，有徒步狩猎者，还有头戴羽饰的骑马者，也有斑点群。此岩画生动地刻画了生活在这里的居民和动物，以及他们狩猎、放牧、出行等社会生活情景。

马与太阳
STALLION AND THE SUN

早期铁器时代
纵52、横120厘米
Early Iron Age
Height: 52 cm
Width: 120 cm

此岩画采用凿刻和磨刻的方法刻画出岩石中央的1匹骏马，马肥硕健壮，其上方刻有1轮光芒四射的太阳，太阳的颜色较马的颜色要深一些。

塔刹
STUPA

西夏
纵25、横37厘米
Xi Xia
Height: 25 cm
Width: 37 cm

刻画了一座塔刹，由刹座、刹身、刹顶和刹杆组成。塔刹左侧有1个人形，右侧有1个羊形，最底部有1个骑者。塔刹是佛塔顶部的装饰，位于塔的最高处，使塔显得更加高耸云天，雄伟挺拔。"刹"来源于梵文，意思为"土田"或"国"，在佛教中引申意为"佛国"。

骑者
RIDERS

7～8世纪
纵35、横50厘米
7th–8th Centuries
Height: 35 cm
Width: 50 cm

画面中有5个骑马者，形态各异，有倒立者、持弓箭者、两人骑一匹马者，分上下两队朝着同一方向行进。

蒙古文六字真言
SIX-SYLLABLE MANTRA IN MONGOLIAN SCRIPT

清代
纵23、横27厘米
Qing Dynasty
Height: 23 cm
Width: 27 cm

　　画面用蒙古文刻制的"六字真言"，也称"六字大明咒"或"根本真言"，是大慈大悲观世音菩萨咒，源于梵文，象征一切诸菩萨的慈悲与加持。

巫者与骑者
SHAMAN AND HORSE-RIDER

早期铁器时代
纵47、横54厘米
Early Iron Age
Height: 47 cm
Width: 54 cm

　　画面左侧有1个骑马者，右侧有1个舞者，其头上有长长的发辫，双臂外扬，五指分开，下肢作马步状，系尾饰，足尖朝外。此岩画记录的是一个巫者施展法术的场景。

人形与盘羊
HUMAN FIGURE AND ARGALI

青铜时代
纵67、横94厘米
Bronze Age
Height: 67 cm
Width: 94 cm

　　画面上方有1个艺术化的人形，双臂和双腿呈卷曲状，下方有1只奔跑的盘羊与1个动物相连。

舞者
DANCERS

早期铁器时代
纵32、横36厘米
Early Iron Age
Height: 32 cm
Width: 36 cm

　　画面中有2个舞者和1个骑马者，舞者的双臂平伸，手指张开，两腿叉开。

骑者与猎人
HORSE-RIDERS AND HUNTERS

铁器时代
纵47、横52厘米
Iron Age
Height: 47 cm
Width: 52 cm

  画面刻画内容丰富，正中有1个骑者，其上方有骑马者、盘羊和6个徒步引弓搭箭的人，均身着长袍，系尾饰，还有后人线刻的交战、弓箭图等。右下方有马形符号、猎人、鹰、不明动物图案，左下方有骑马者追逐鹿的图案，以及羚羊、岩羊、黄羊、徒步行走的人等。

驼群
CAMEL CARAVAN

7～8世纪
纵45、横27厘米
7th–8th Centuries
Height: 45 cm
Width: 27 cm

  画面由双峰驼和牧人组成。有关骆驼的岩画在巴丹吉林各岩画点均有发现，可能与巴丹吉林沙漠地区适宜养驼的环境有关，阿拉善是全国骆驼分布最集中的地区，历史上曾达到23万峰，号称"骆驼之乡"。在巴丹吉林岩画中这些大量出现的骆驼形象，是历代居住在这里的人们喜欢养驼或适宜养驼的体现，从不同层面反映了骆驼在人类生产生活中所起的重要作用。

骑鹿人
DEER-RIDERS

北朝～唐代
纵85、横74厘米
Northern Dynasties－Tang Dynasty
Height: 85 cm
Width: 74 cm

画面刻画的是3个骑鹿人，呈奔跑或行走状，从鹿颈下方的装束判断，此岩画反映的是唐代吐蕃人表演骑术的情景。

放牧
HERDING

早期铁器时代
纵16、横22厘米
Early Iron Age
Height: 16 cm
Width: 22 cm

　　画面上方有5个人形，其下方有驼、马、羊、骑者等。下方多骑者，另有动物符号、羊等。此岩画是一幅放牧图。

鸵鸟与骑者
OSTRICH AND HORSE-RIDER

新石器时代早期
纵18、横26厘米
Early Neolithic
Height: 18 cm
Width: 26 cm

　　画面左侧有1只正在张嘴觅食的鸵鸟，右侧是骑在马背上的执弓猎人。

猎盘羊
ARGALI HUNTING

早期铁器时代
纵53、横49厘米
Early Iron Age
Height: 53 cm
Width: 49 cm

画面上方是1个骑马者，造型粗糙；中间是由3个骑马者和盘羊叠压在一起的图案；右下角的1个猎人正执弓瞄准前面一列行进的5只盘羊。

狩猎与放牧
HUNTING AND HERDING

早期铁器时代
纵41、横32厘米
Early Iron Age
Height: 41 cm
Width: 32 cm

画面中间自上而下有一道裂缝，将画面分做上下两部分。有骑马者策马疾驰，有骑驼者形似驯驼，有执弓猎人，双腿大叉，似拉弓状。还有双峰驼、人、北山羊、马等。

鹰与骑者
FALCONS AND HORSE-RIDERS

北朝～唐代
纵70、横68厘米
Northern Dynasties~Tang Dynasty
Height: 70 cm
Width: 68 cm

画面由上下两部分组成，上部分为猎人和骑马者捕猎盘羊、北山羊的场景。下部分从上往下有6只鹰、6只北山羊、6个骑马者，各呈一列，相互对应，排列有序，整齐划一。

猎盘羊
ARGALI HUNTING

早期铁器时代
纵19、横38厘米
Early Iron Age
Height: 19 cm
Width: 38 cm

　　画面刻画了骑马者、猎人执弓猎捕盘羊的景象。此岩画反映了猎人相互配合、合力将盘羊赶到陷阱内进行猎捕的情景。

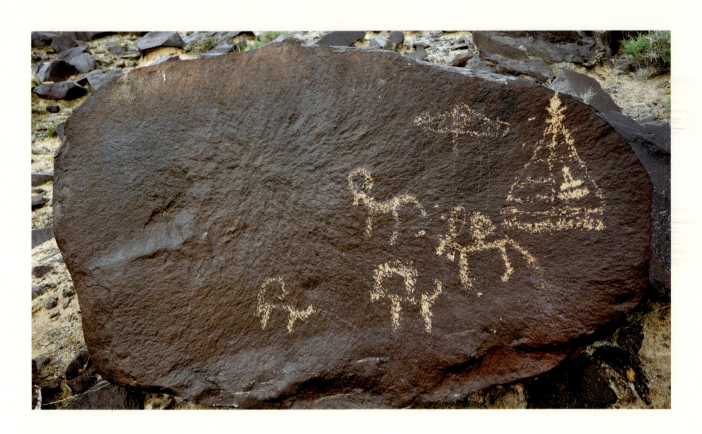

帐篷与骑猎
TENT AND HORSE-MOUNTED HUNTING

早期铁器时代
纵50、横31厘米
Early Iron Age
Height: 50 cm
Width: 31 cm

　　画面右上方有1顶帐篷，形似在蒙古包上又加一个顶。其左侧有1个长房屋，与云南的干栏式建筑相似，类似的长房屋在新疆库鲁克山岩画中有所见。左下方是骑马者骑猎北山羊、盘羊的场景。

集体狩猎
GROUP HUNTING

早期铁器时代
纵124、横68厘米
Early Iron Age
Height: 124 cm
Width: 68 cm

画面为一幅狩猎图。左上方有1只北山羊和1头鹿，下方有3个猎人持弓、4个系尾饰的人手持棍棒，正在围猎北山羊。右下方有骑马者、鹰、羊等。此岩画反映了集体狩猎的情景。

骆驼与人
CAMEL AND HUMAN FIGURES

青铜时代
纵47、横66厘米
Bronze Age
Height: 47 cm
Width: 66 cm

画面左上方有1峰骆驼，引颈昂首，四肢直立，骆驼的体态与唐三彩中表现的题材相似。右侧有1个骑马者，中间有4个体态健壮的人围成一圈，其头顶插有羽毛或双角。

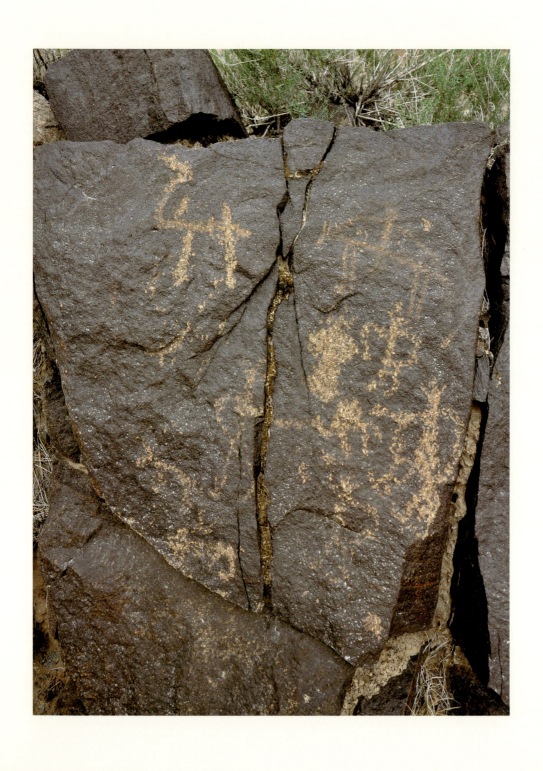

驼队
CAMEL CARAVAN

早期铁器时代
纵77、横79厘米
Early Iron Age
Height: 77 cm
Width: 79 cm

　　画面左上方有模糊动物形，可能是骆驼，右侧有2个骑驼者。下方有1峰骆驼，其后方有动物形。此岩画刻画的是驼队。

北山羊与弓箭
IBEXES, BOW AND ARROWS

早期铁器时代
纵59、横77厘米
Early Iron Age
Height: 59 cm
Width: 77 cm

　　画面主要位置刻画了1个手持大弓的人，正在猎杀前面的北山羊。画面上方有3只北山羊，2只似在顶架；下方有一列7只北山羊，向同一方向缓慢行进。此岩画中刻画的弓箭十分夸张，非常笨重，应该是本地区最初使用的弓箭，对研究巴丹吉林地区弓箭的变化具有重要的参考价值。

车轮
CARTWHEEL

青铜时代
纵52、横44厘米
Bronze Age
Height: 52 cm
Width: 44 cm

　　画面为1个车轮，有辐条15根。

塔与羊
STUPA AND GOATS

清代
纵45、横66厘米
Qing Dynasty
Height: 45 cm
Width: 66 cm

画面正中刻画了1座塔形，塔四周有人、盘羊、北山羊。此岩画线条清晰，栩栩如生，具有较高的艺术欣赏价值。

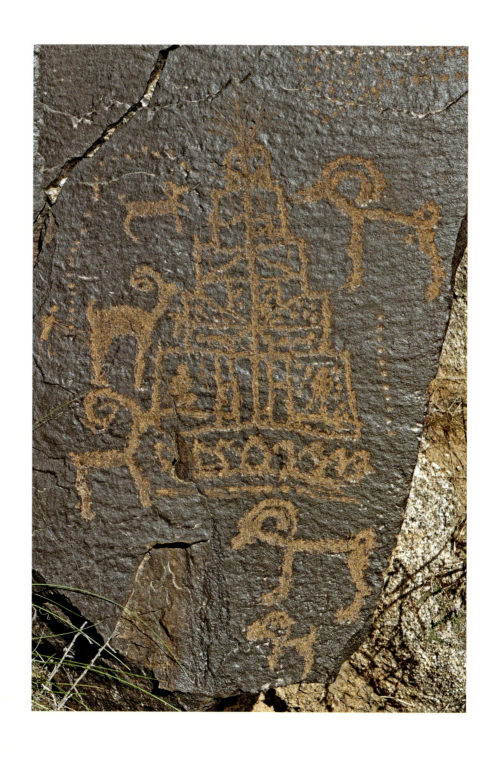

生育图
CHILDBIRTH

早期铁器时代
纵24、横42厘米
Early Iron Age
Height: 24 cm
Width: 42 cm

画面为一幅生动的分娩图，记录了女子在放牧或出行途中临产的情景。一个娇俏的女性呈仰卧状，正在分娩一个新生命。此岩画为我们展示了一个新生命的诞生过程，体现了古人对生命的珍爱和增加人口的渴求。

猎野猪
WILD BOAR HUNTING

青铜时代
纵71、横60厘米
Bronze Age
Height: 71 cm
Width: 60 cm

画面中有1条犬、1头野猪和1个猎人。猎人
手执弓箭，弓箭巨大而笨拙，箭头已刺入野猪的
臀部。此岩画刻画的是一幅猎杀野猪的场景。

骑者
RIDER

西夏
纵19、横21厘米
Xi Xia
Height: 19 cm
Width: 21 cm

　　画面上方有1匹马，呈奔
跑状，马背上用线条刻画了一
个骑者，应为后人添加；下方
刻画了1个站立的人形，身着
盔甲；右下方有1张弓和1口陷
阱；最右侧下方有一个未完成
的动物符号。

狩猎与牛
HUNTER AND CATTLE

青铜时代
纵68、横79厘米
Bronze Age
Height: 68 cm
Width: 79 cm

　　画面反映的是狩猎的场景，
有执弓搭箭的猎人、北山羊、羚
羊、卷尾的牛、动物、骑者、舞
者和马等。

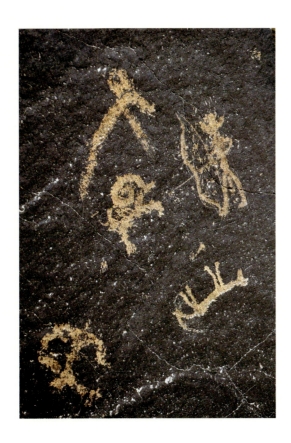

猎手
HUNTER

青铜时代
纵42、横32厘米
Bronze Age
Height: 42 cm
Width: 32 cm

　　画面右上方1个徒步执弓的猎人正在射猎1只盘羊。右下方有1个被猎人射杀的、酷似马的动物。左下方有1只奔跑的无头北山羊，是一个没有完成的图形。

骑者与马
HORSE-RIDER AND HORSES

北朝～唐代
纵59、横77厘米
Northern Dynasties－Tang Dynasty
Height: 59 cm
Width: 77 cm

　　画面上方有1个骑马者，一手握缰绳一手扬鞭，马背备鞍。其后方有一个不明物与一匹公马连在一起，马似受惊，奋力向前跳跃。右下方另有1个马形。

方形图案与人
SQUARE PATTERN AND HUMAN FIGURE

早期铁器时代
纵50、横31厘米
Early Iron Age
Height: 50 cm
Width: 31 cm

　　岩画的主要部位刻画了1个方形框，正中有1个双手叉腰的人，下部由2个不规则圆圈组成，方框最上方似有1个骑者，左上角有1条犬。

斑点纹与骑者
SPOTS AND RIDER

青铜时代、铁器时代
纵22、横20厘米
Bronze Age and Iron Age
Height: 22 cm
Width: 20 cm

　　画面明显为两个不同时期刻画的作品。第一层是最早的岩画，和石头的颜色相近，刻画有骑者、马、牛、虎形等。第二层画面颜色较新，有骑马者、众多的马等。

北山羊群
IBEX FLOCK

早期铁器时代
纵52、横72厘米
Early Iron Age
Height: 52 cm
Width: 72 cm

画面左侧有5只北山羊，下方有1个骑者和1匹马，右侧有羚羊、马、北山羊等动物图形。此岩画中有两处锐器刻画的蒙文字，为现代人所刻。

放牧
HERDING

早期铁器时代
纵69、横96厘米
Early Iron Age
Height: 69 cm
Width: 96 cm

刻画的是一个规模宏大的放牧山羊的场面。两个羊群混在了一起，两个主人正在骑马分割自己的羊群，画面反映了放牧成为牧人的标准活动，当地的人们已经进入到了一个新的经济发展阶段。

符号
SYMBOL

青铜时代
纵29、横31厘米
Bronze Age
Height: 29 cm
Width: 31 cm

　　此岩画为凿刻和磨刻制成，刻画于一块黑色玄武石上，其画面为一个"田"字形符号，具体寓意不明。

牛与骑者
OX AND RIDERS

北朝～唐代
纵53、横62厘米
Northern Dynasties－Tang Dynasty
Height: 53 cm
Width: 62 cm

　　画面正中为一个人骑着一头膘肥体壮的牛。一个骑者策马扬鞭疾驰，另一个骑者双手叉腰，一人为其牵马缰，形似骑马叉腰者在训斥牵马的人，马后方有一个人形，似坐在地上撒娇。

舞者
DANCER

青铜时代
纵53、横62厘米
Bronze Age
Height: 53 cm
Width: 62 cm

画面是1个舞者，有着超长的双臂，两腿平伸，臀下系尾饰。右下方有1个圆形符号，寓意不明。

鹿、鹰与骑者
DEER, FALCON AND RIDER

早期铁器时代
纵53、横62厘米
Early Iron Age
Height: 53 cm
Width: 62 cm

画面上方有1只北山羊和1只鹰，右下方有骑者、梅花鹿和黄羊。

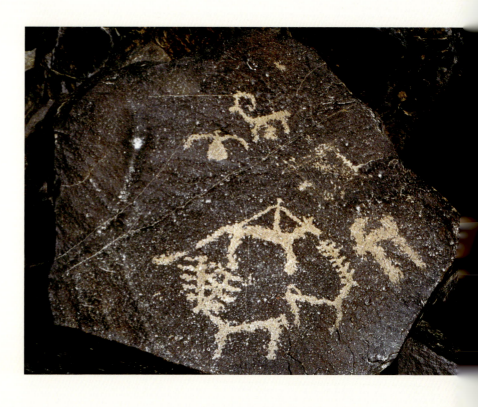

白唇鹿
WHITE-LIPPED DEER

早期铁器时代
纵53、横62厘米
Early Iron Age
Height: 53 cm
Width: 62 cm

刻画了1只伫立的白唇鹿。

组合图
COMPOSITE PETROGLYPH

早期铁器时代
纵72、横119厘米
Early Iron Age
Height: 72 cm
Width: 119 cm

画面左上方有1峰站立的骆驼，1个人骑在驼背上，下方有1个猎人，双臂平伸，两腿叉开，系尾饰。中间有骑者、羊、马、人等叠压在一起，右侧有羊、马、鹰、骆驼等。

骑者
RIDERS

早期铁器时代
纵53、横62厘米
Early Iron Age
Height: 53 cm
Width: 62 cm

　　画面正中有1个人骑着1峰双峰驼，周围有骑马者、执弓的猎人、追逐白唇鹿的骑马者、弓箭手等。

骑驼出行
CAMEL RIDERS

铁器时代
纵53、横62厘米
Iron Age
Height: 53 cm
Width: 62 cm

　　画面有5峰骆驼向右侧前行，其中有3峰骆驼上骑着人。右侧最前面的一峰骆驼颈下系驼铃，其左后方有由马等动物缀连成的连体图像。

骑者
RIDERS

北朝~唐代
纵53、横62厘米
Northern Dynasties－Tang Dynasty
Height: 53 cm
Width: 62 cm

　　画面主要刻画的是骑者的形象。上方有1个骑者，手执弓箭向左奔跑，马尾与下方骑者的马头相连；中间有1个动物形和1个骑者，骑者左侧有1只盘羊、1条犬；右侧有骑者，马背备鞍。再下方有5个骑马者，向右行进。画面右侧有骑者、马、羊等。

虎与羊
TIGER AND GOAT

青铜时代
纵88、横51厘米
Bronze Age
Height: 88 cm
Width: 51 cm

　　此岩画为凿刻和磨刻而成，刻画了羊与虎相向争斗的景象。羊弯曲着腿，用犄角猛力顶向虎，虎撩起尾巴，张开嘴咬向羊。画面逼真形象。

双牛、弓与舞者
TWO OXEN, BOW AND DANCER

青铜时代
纵78、横52厘米
Bronze Age
Height: 78 cm
Width: 52 cm

　　此岩画采用线刻、敲凿、凿磨的方法，刻画了双牛、弓、舞者、北山羊的形象。舞者留有双辫，双手叉腰，双腿内弯，系尾饰。画面右侧有敲凿而成的2头牛，牛形粗糙。

斑点纹
SPOTS

新石器时代
纵64厘米　宽24厘米
Neolithic
Height: 64 cm
Width: 24 cm

　　刻画在岩石右下部，图形为斑点纹，斑点近圆形，直径约1厘米，圆点排列无序，间距不等，应与某种天象有关。此岩画为凿刻制成。

鹿棋与骑者
DEER CHESS AND RIDERS

铁器时代、元代
纵40、横65厘米
Iron Age and Yuan Dynasty
Height: 40 cm
Width: 65 cm

此岩画为不同时期刻画的两幅作品。右上方画面模糊，能够辨认的有马、骑者和斑点纹等图案，是时代较早的作品。左侧是一副鹿棋。中间上下方各有一个骑马者，刻痕较新，时代较晚，可能是元代的作品。

列骑
RIDERS

早期铁器时代
纵53、横88厘米
Early Iron Age
Height: 53 cm
Width: 88 cm

画面中有7个骑者，最前面的一个举着一面旗，引领其他骑者向右前方向似穹庐的地方策马疾驰。其他还有双峰驼、盘羊和飞禽等。此岩画大致反映的是草原上赛马的情景。

骑者与弓箭手
RIDERS AND ARCHERS

早期铁器时代
纵32、横34厘米
Early Iron Age
Height: 32 cm
Width: 34 cm

画面中有4个骑马者，左侧2个手执弓箭，骑在马背上转身骑射。另有2个徒步执弓的猎人，身着长袍，引弓搭箭。此岩画画面排列有序、形象清晰、造型美观，可见刻画者的娴熟技艺。

六字真言
SIX-SYLLABLE MANTRA

清代
纵110、横314厘米
Qing Dynasty
Height: 110 cm
Width: 314 cm

刻画了"唵嘛呢叭咪吽"6字，六字真言
在佛教也称"六字大明咒"或根本真言，是藏
传佛教中的一句吉祥咒语。其大意为"佛如莲
花上的宝珠，神圣啊，吉祥"！

举旗的骑者与骆驼
BANNER-HOLDING RIDER AND CAMELS

元代
纵27、横41厘米
Yuan Dynasty
Height: 27 cm
Width: 41 cm

画面主要由骑马者、骆驼、蛇、鹿组成，骑马者中一个举旗，右侧有1峰骆驼和1条蛇。下部左侧有2峰双峰驼，一大一小，向右行进，右侧是2头奔跑的鹿和3个骑者。

矫健的骑手
AGILE RIDER

铁器时代
纵32、横57厘米
Iron Age
Height: 32 cm
Width: 57 cm

画面正中有1个头戴尖顶帽的骑马者，右
侧1个骑者挥鞭策马疾驰而来，右上方有1匹备
用马，左侧有3个骑马者迎面而来。

豹与狍
LEOPARD AND ROE DEER

青铜时代
纵33、横30厘米
Bronze Age
Height: 33 cm
Width: 30 cm

画面上方有1只昂然挺立的花豹，正被2个弓箭手拉弓搭箭瞄准。下方有1只狍子。最右侧有1个双手叉腰的人形，刻痕较新，为现代人刻画。

羊与犬
GOATS, IBEXES AND HOUND

青铜时代
纵30、横21厘米
Bronze Age
Height: 30 cm
Width: 21 cm

　　画面由5只不同品种的羊和1条犬组成。羚羊和盘羊因受了惊吓而奔跑。一只北山羊被猎犬咬住了后腿。此岩画中的动物形态优美，动感较强，反映了远古先民高超的艺术水准。

鹿与骑者
DEER AND RIDERS

铁器时代
纵31、横46厘米
Iron Age
Height: 31 cm
Width: 46 cm

画面较为复杂模糊，许多动物叠压在一起，能够辨认清楚的有盘羊、鹿、人、骑者等。此岩画反映的应是追猎的情景。

骑马出行
HORSE-RIDERS

铁器时代
纵93、横68厘米
Iron Age
Height: 93 cm
Width: 68 cm

　　画面由7个骑马者、2匹马及2只羊组成，骑马者散刻各处，其中6个向右行进，1个向左行进，后方跟随1匹马。此岩画反映的是骑马出行的场面。

骑猎
HORSE-MOUNTED HUNTING

铁器时代
纵49、宽48厘米
Iron Age
Height: 49 cm
Width: 48 cm

画面中间有一道自然裂痕，主要刻画了骑马者的不同姿态和形象。裂痕上方2个骑马者手持弓箭，一个骑者仰弓向上，可能是猎取天空中的飞禽，一个骑者站立于马背之上，猎取前方的无头动物。其下有1个骑马者，身体前倾；一个骑者马腹下有一匹幼马，形似吃奶。下方最上有1个骑马者，身后牵1匹马；再下方有2个骑者，左侧的双手叉腰，头戴饰物，站立于马背之上，形似表演马术，马腹下可见圆形物，可能是马镫；右侧的马呈奔跑状，地上躺着一个马形动物，有可能是猎取的动物。

盘腿打坐的人
SITTING CROSS-LEGGED IN MEDITATION

青铜时代、清代
纵34、横38厘米
Bronze Age and Qing Dynasty
Height: 34 cm
Width: 38 cm

画面为两个不同时期的作品。2个盘腿打坐的人刻痕较新、时代较晚，推测是清代的作品。2个圆圈可能表示2个车轮，时代较早。盘腿打坐的人应是两个诵经的喇嘛。

猎盘羊
ARGALI HUNTING

北朝～唐代
纵38、横91厘米
Northern Dynasties－Tang Dynasty
Height: 38 cm
Width: 91 cm

画面左侧1个引弓待发的猎人，将箭对准前方的2只盘羊。上方有1个骑马者，马背有鞍，侧身有鞯，其前方有1匹马与之头部相对。下方有3只北山羊，其右侧有1个骑驼者，牵着1峰双峰骆驼。最右侧有1只盘羊。

无题
UNTITLED

青铜时代
纵30、横24厘米
Bronze Age
Height: 30 cm
Width: 24 cm

　　图案极为抽象，寓意不明。

猎人与盘羊
HUNTER AND ARGALI

铁器时代
纵18、横30厘米
Iron Age
Height: 18 cm
Width: 30 cm

　　画面中的猎人形象系敲凿而成，其手执的弓箭，为金属器的锐尖所划刻，二者应为不同时期制作。猎人的身后有1只鹿，犄角造型奇特夸张。

鹿
DEER

青铜时代
纵64、横29厘米
Bronze Age
Height: 64 cm
Width: 29 cm

采用艺术夸张手法刻画了1
头梅花鹿，鹿角华丽，腿曲长。

虎
TIGER

青铜时代
纵15、横20厘米
Bronze Age
Height: 15 cm
Width: 20 cm

刻画了一只虎的形象。

人面像与骆驼
HUMAN FACE AND CAMELS

青铜时代
纵64、横42厘米
Bronze Age
Height: 64 cm
Width: 42 cm

画面右上方有1个方形人面像，头顶呈放射线状。人面像左侧有一个圆形符号。下方有2峰骆驼。此岩画反映了远古时期人们在文化与宗教上对太阳的崇拜。

陷阱
SNARE

铁器时代
纵18、横19厘米
Iron Age
Height: 18 cm
Width: 19 cm

刻画的是一口陷阱，是猎人
为狩猎而挖掘的。

马上杂耍
VARIED DISPLAY ON HORSEBACK

北朝～唐代
纵37、横88厘米
Northern Dynasties－Tang Dynasty
Height: 37 cm
Width: 88 cm

画面中有5个赛马的人，下方的两匹马颈部
有饰物。此岩画记录了一次赛马表演的情景。

三鹿图
THREE DEER

铁器时代
纵94、横75厘米
Iron Age
Height: 94 cm
Width: 75 cm

　　画面为3头梅花鹿，鹿角高耸挺立，造型华丽夸张，犹如古松。

栅栏
PALISADES

铁器时代
纵34、横44厘米
Iron Age
Height: 34 cm
Width: 44 cm

　　画面有上下两道"十"字形连接的栅栏，上部图案刻画清晰，下部图案有后人描刻的痕迹。此岩画整体保存较好。

野马群
WIDE HORSES

青铜时代
纵49、横38厘米
Bronze Age
Height: 49 cm
Width: 38 cm

画面有5匹野马，上下排
列，同方向奔跑。

狩猎
HUNTING

铁器时代
纵65、横76厘米
Iron Age
Height: 65 cm
Width: 76 cm

画面2个徒步的猎人，正
通力合作，执弓引箭，猎取北
山羊和梅花鹿。下方有2个奔
跑的骑马者，可能是为猎人轰
赶猎物。此岩画记录了猎人合
力狩猎的场景。

岩羊
MOUNTAIN GOAT

青铜时代
纵22、横20厘米
Bronze Age
Height: 22 cm
Width: 20 cm

刻画了1只岩羊，体态硕健，犄角较大，向下弯曲呈圆圈状。

猎盘羊
ARGALI HUNTING

青铜时代
纵41、横48厘米
Bronze Age
Height: 41 cm
Width: 48 cm

画面凿刻了5只大盘羊。骑者、执弓的猎人正在捕猎盘羊，弓箭已瞄准了盘羊。此外，在盘羊群中有2只小盘羊。

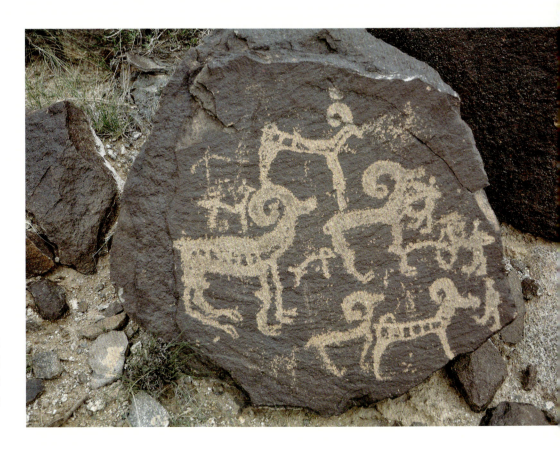

骑者与马术
RIDERS AND EQUESTRIANISM

北朝
纵44、横78厘米
Northern Dynasties
Height: 44 cm
Width: 78 cm

画面凿刻了上下相叠压的2匹马，上方的
马背上站立1个人，双手上举，马颈上悬挂铃形
饰物。另有羊圈、骑者、羊的图案。

转场
ON THE TRANSFER

铁器时代
纵11、横29厘米
Iron Age
Height: 11 cm
Width: 29 cm

画面上方有一前一后2个骑马者。下方是牧人赶牧场面，1人骑马，马背上有鞍具，另1人徒步，赶着一群羊前行。刻画的是牧人转场赶牧的情景。

骑者与人
HORSE-RIDERS AND HUMAN FIGURE

早期铁器时代
纵59、横43厘米
Early Iron Age
Height: 59 cm
Width: 43 cm

画面中有3个骑马者和3个人，其中一人系尾饰，腰部有1根横棍，双臂自臂肘处自然微屈。

赤鹿与鹰
RED DEER AND EAGLE

北朝
纵30、横87厘米
Northern Dynasties
Height: 30 cm
Width: 87 cm

画面左侧有1个骑马者，马背有鞍无镫，紧随于鹿后。中间及右下方有赤鹿、骑马者、鹰等。画面中另有1只鹰，翅膀上的羽毛非常清晰，可能是后人二次添加形成。

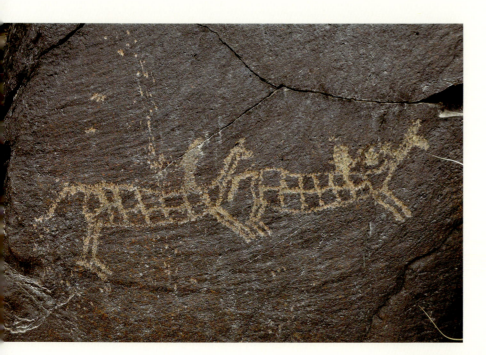

骑者
HORSE-RIDERS

汉代
纵8、横25厘米
Han Dynasty
Height: 8 cm
Width: 25 cm

　　刻画了前后2个骑马者
在追逐玩耍，马身上有网格
纹饰，有可能是对马的伪装
或披甲。

牛与骑者
YAK AND RIDERS

青铜时代
纵69、横37厘米
Bronze Age
Height: 69 cm
Width: 37 cm

　　画面正中位置凿刻了1头牦
牛，牦牛的左上方有1只北山羊和
1个双手叉腰的人形，牦牛的左下
方有1头小牛犊和2个骑马者。

牛与北山羊群
YAKS AND IBEXES

青铜时代
纵61、横75厘米
Bronze Age
Height: 61 cm
Width: 75 cm

　　画面右侧有1头体型硕健、野性十足的野牦牛。前方有2只北山羊，一只趴卧，一只站立。左侧有北山羊、盘羊、岩羊、野牦牛等，形态各异，有的在跳跃，有的在奔跑，有的在原地站立仰头张望。

不明图案
DRAWING UNIDENTIFIABLE

年代不详
纵24、横45厘米
Date Unknown
Height: 24 cm
Width: 45 cm

画面上方有1个马形，下方有1个抽象图案，难以辨认。此岩画的图像是否与某部落的图腾有关，尚无法考证。

骆驼、羊与骑者
CAMEL, GOAT AND RIDERS

早期铁器时代
纵33、横49厘米
Early Iron Age
Height: 33 cm
Width: 49 cm

　　画面左侧有1峰膘肥体壮的双峰种公驼，颈部长有粗长的髯毛（俗称嗉毛），可以确定当时是冬天或春天。右侧是由羊、双峰驼、马和骑者组成的图案，其周围有一些单独存在的羊、驼等动物。

骑者与羊
RIDERS AND GOAT

7世纪
纵39、横46厘米
7th Century
Height: 39 cm
Width: 46 cm

画面主要有骑马者、山羊。骑马者的马背上备鞍，颈下系一个铃铛。其他图案模糊难辨。

蒙古马
MONGOLIAN HORSE

清代
纵37、横72厘米
Qing Dynasty
Height: 37 cm
Width: 72 cm

画面为磨刻而成,线条圆润。刻画的是1匹剽悍矫健的披鬃蒙古马。左边题有蒙古文字,系藏名,译成汉语为"策本甲布"。

图腾
TOTEM

青铜时代
纵30、横21厘米
Bronze Age
Height: 30 cm
Width: 21 cm

画面形似1个符号化的牛
头，可能是某部落的图腾。

毡帐与骑者
FELT TENT AND HORSE-RIDERS

铁器时代
纵67、横49厘米
Iron Age
Height: 67 cm
Width: 49 cm

画面上方有1只北山羊，下方有一个"⊕"形，大概表示穹庐毡帐。还有1个双手叉腰的人，头戴圆顶双耳帽。其下方是2个骑马者。

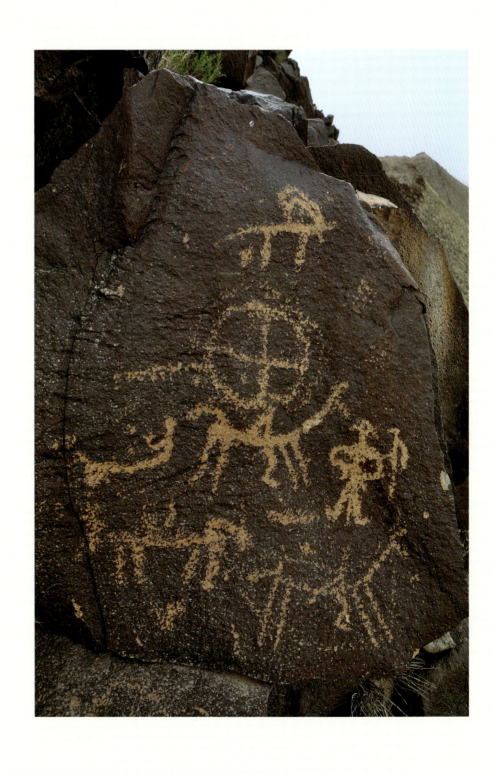

符号
SYMBOLS

青铜时代
纵29、横28厘米
Bronze Age
Height: 29 cm
Width: 28 cm

画面是由7个"⊕"形组成，可能是猎人为捕捉动物挖的陷阱或为穹庐符号，左上方为1个羊形。

云朵与马
CLOUDS AND HORSE

早期铁器时代
纵66、横46厘米
Early Iron Age
Height: 66 cm
Width: 46 cm

刻画在一块迎南石面向上的玄武岩上，上方有2片云朵，作重圈纹，下方有1匹马。右侧有1个圆圈，刻痕灰暗，似时代较早。

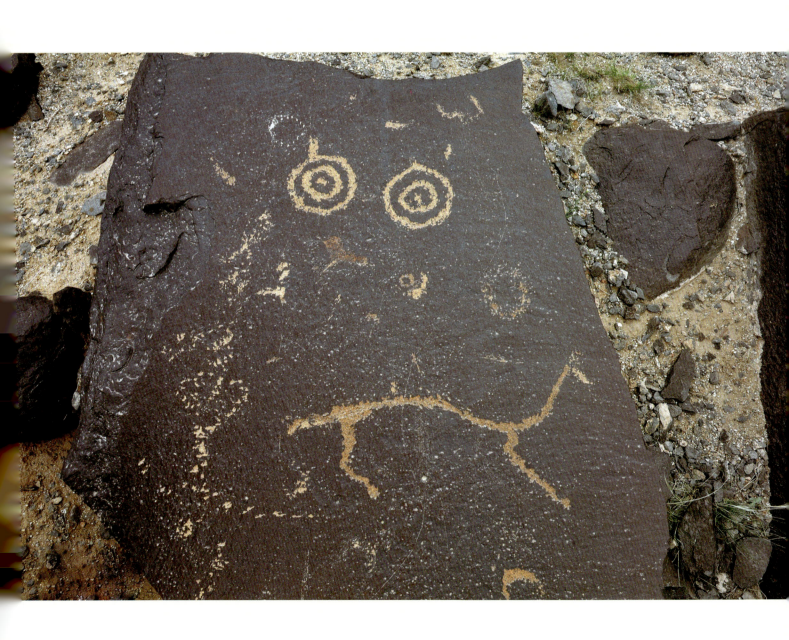

塔式建筑
STUPA

元代
纵43、横30厘米
Yuan Dynasty
Height: 43 cm
Width: 30 cm

画面是一座3层塔式建筑，最上层有1个双手叉腰的人，身前似有1个小孩。下层有1个盘腿打坐的人，一手叉腰，一手自然下垂。最下一层是有序排列的斑点纹。建筑左侧有1个奔跑的马形和1头牛。此岩画与佛教有关，建筑物可能是一座寺庙。

马、羊与骑者
STALLION, GAZELLE AND HORSE-RIDER

北朝
纵37、横31厘米
Northern Dynasty
Height: 37 cm
Width: 31 cm

画面上方有1匹嘶鸣的公马，其下方有1只羚羊和1个头戴尖顶帽的骑马者，正挥鞭策马前行。

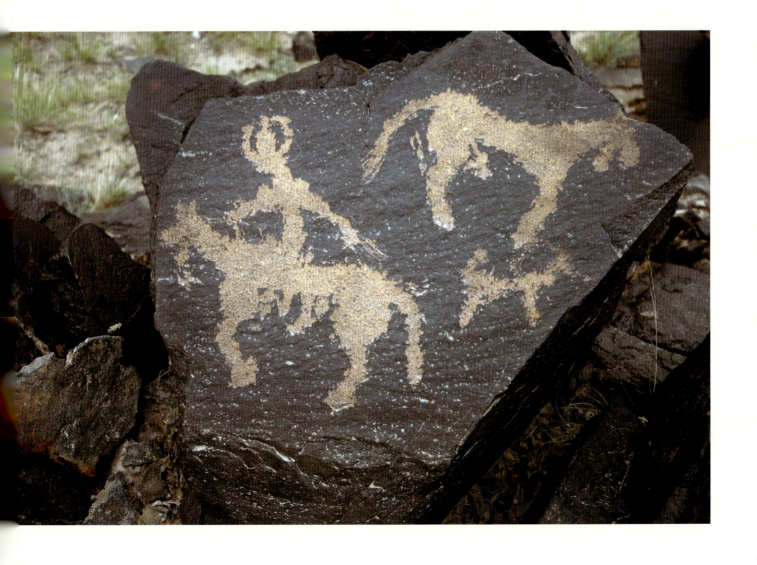

梅花鹿
SPOTTED DEER

青铜时代
纵67、横29厘米
Bronze Age
Height: 67 cm
Width: 29 cm

　　刻画了1头梅花鹿，鹿角华丽细长，高耸挺立，双角有支杈，线条简练，造型健美。

马鹿与羚羊
RED DEER AND GAZELLE

北朝～唐代
纵28、横37厘米
Northern Dynasties－Tang Dynasty
Height: 28 cm
Width: 37 cm

　　画面左侧有1只倾倒的羚羊，右侧有3头马鹿，上面的一头母马鹿骑着人，下方的两头公马鹿中一头备鞍具。右下角有1只盘羊。这些动物造型优美，栩栩如生，具有较高的艺术欣赏价值。

骑射
MOUNTED HUNTING

早期铁器时代
纵24、横42厘米
Early Iron Age
Height: 24 cm
Width: 42 cm

　　画面右侧有1个骑马者，头戴尖顶帽，手执弓弩，引弓搭箭瞄准前方的盘羊。再现了猎人骑射的场面。

猎狼与猎羊
HUNTING WOLVES
AND IBEXES

青铜时代
纵43、横60厘米
Bronze Age
Height: 43 cm
Width: 60 cm

　　画面刻画了几个猎人猎取北山羊和狼的场景。其中1个猎人后方有2条猎犬，正在帮助主人追逐猎物。此岩画画面错落有致，动物形态逼真，线条清晰明快，再现了古代先民狩猎的精彩场面。

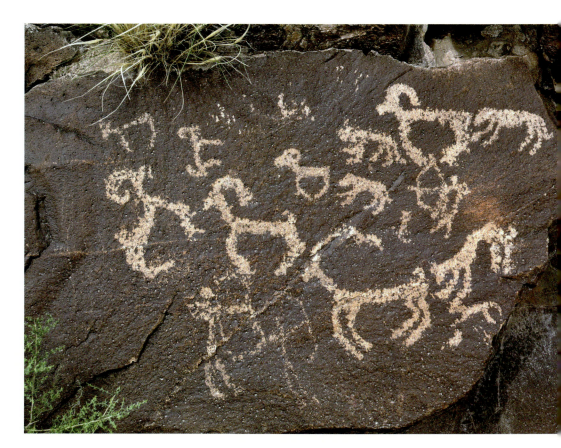

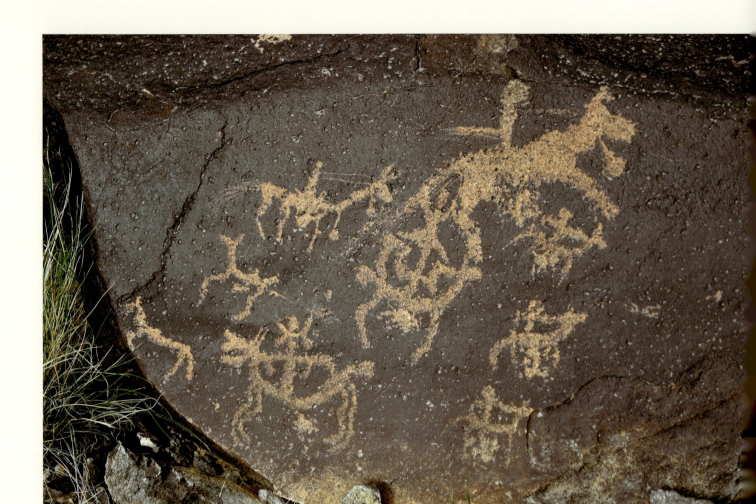

马术表演
EQUESTRIAN PERFORMANCE

北朝~元代
纵53、横40厘米
Northern Dynasties—Yuan Dynasty
Height: 53 cm
Width: 40 cm

画面展现的是几名骑马者或策马飞驰，形似在赛马，马昂首奋蹄，马颈有繁缨，或在马上表演叠罗汉马技。此岩画记录了草原上一次马术表演和赛马的情景。

猎人与放牧
HUNTER AND HERDSMEN

铁器时代
纵32、横32厘米
Iron Age
Height: 32 cm
Width: 32 cm

画面中1个猎人，引弓搭箭，注视着远方，弓之下有小弓。猎人后方有2个骑牧人，羊群随骑牧人前行，其中有犬、马、盘羊、北山羊、羚羊等动物。画面中有许多斑点，可能是动物留下的蹄印。

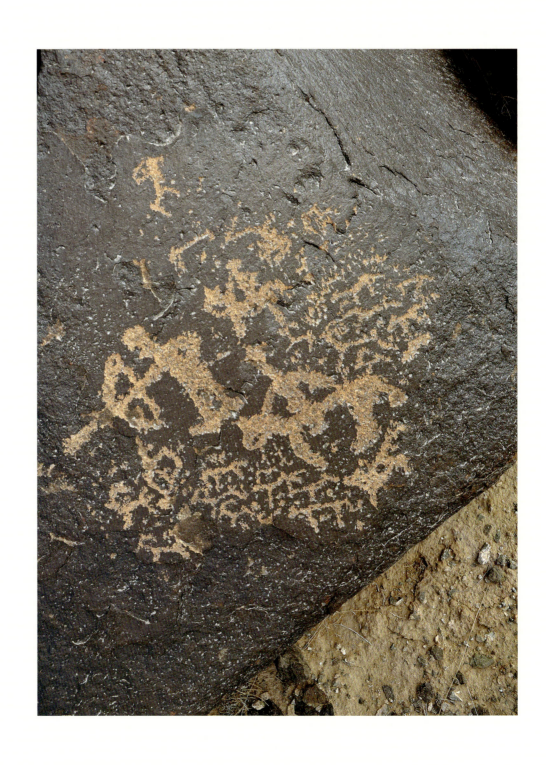

牧羊与图案
HERDING AND PATTERN WITH UNIDENTIFIABLE MEANING

新石器时代
纵30、横35厘米
Neolithic
Height: 30 cm
Width: 35 cm

画面左侧有1匹马，马下方有1个头部伪装成虎头的人形，系1条长尾巴，双手叉腰。其右侧正中有1个小人形，人形的下方有模糊的动物形。右上方有1个抽象图案，寓意不明。

众骑者、牵驼与弓
RIDERS, CAMEL-WALKERS AND BOW

西周
纵45、横80厘米
Western Zhou Dynasty
Height: 45 cm
Width: 80 cm

画面布局比较凌乱，以骑者为主，骑姿各异，部分马上有鞍。还有骑驼者和牵驼者。画面中有赶马者、鹿、马、盘羊和弓等图案。右下角有1个正在布设地箭的猎人。此岩画是牧民社会生活的真实写照。

骑者与猎羊
RIDERS AND IBEX HUNTING

北朝～唐代
纵20、横98厘米
Northern Dynasties-Tang Dynasty
Height: 20 cm
Width: 98 cm

画面中有梅花鹿、骑马者、北山羊等，骑马者中有的一手握马缰一手架猎鹰行进，有的手臂上立一根长竿，竿端刺向上方的北山羊，有的正转身射猎北山羊，形象十分生动。此岩画反映的是猎人们集体架鹰骑猎的场景。

众骑
HORSE-RIDERS

北朝
纵41、横62厘米
Northern Dynasties
Height: 41 cm
Width: 62 cm

由10多个骑马者组成，有的
马颈上饰有繁缨，形似赛马后的
情景。

骑者
HORSE-RIDER

铁器时代
纵21、横17厘米
Iron Age
Height: 21 cm
Width: 17 cm

刻画了1个骑马者，头顶有1
个圆形物，具体寓意不明。圆形
物上方有1匹马。

帐篷
YURT

青铜时代
纵39、横26厘米
Bronze Age
Height: 39 cm
Width: 26 cm

刻画了1顶锥形顶的帐篷，下面有基座，外表用单线条刻画成网格状纹样，可能表示搭建的木棍。

逝者
THE DEPARTED

青铜时代
纵38、横38厘米
Bronze Age
Height: 38 cm
Width: 38 cm

画面在中间主要位置刻画了一人形，身体呈方形，双臂左右平伸，手指分开，头部器官细节清楚。右侧有骑者、北山羊等，左上方有1个骑马者慢慢行走。此岩画记录的是一位逝者。

骑者、北山羊与几何图形
HORSE-RIDERS, IBEX
AND GEOMETRIC FIGURE

青铜时代
纵32、横33厘米
Bronze Age
Height: 32 cm
Width: 33 cm

画面上方为1只北山羊，体型呈方框形，其下方为1个骑马者，右侧为长方形几何图形，在几何图形的下方是1个骑马者。

猎人与骑者
HUNTERS AND HORSE-RIDER

铁器时代
纵73、横49厘米
Iron Age
Height: 73 cm
Width: 49 cm

画面正中1个半身持弓的猎人，张弓引箭瞄准了右前方的一匹野马。旁边有1个骑马者、1只站立的羚羊和3个不同姿态的人形。后人还用金属器锐尖划刻了许多弓箭。

盘羊
ARGALI

青铜时代
纵61、横55厘米
Bronze Age
Height: 61 cm
Width: 55 cm

　　画面为3只拼命奔跑的盘羊。

骑者与鹿
HORSE-RIDER AND DEER

北朝
纵48、横68厘米
Northern Dynasties
Height: 48 cm
Width: 68 cm

　　画面中有3个骑马者，其中一个备有马鞍，骑者左手握缰绳，右手持马鞭，马尾下部是后人用金属器划刻。另外还有2只梅花鹿、1匹马、1只盘羊。

帐篷
YURT

青铜时代
纵28、横21厘米
Bronze Age
Height: 28 cm
Width: 21 cm

画面为塔式帐篷。

塔与骑者
STUPA AND RIDER

西夏
纵39、横23厘米
Xi Xia
Height: 39 cm
Width: 23 cm

在主要位置刻画了一座
5层的塔，形状和西夏佛塔
极为相似，塔顶部有塔刹装
饰，表示"无塔不刹"。塔
刹作为塔的一种仰望标志，
具有敬佛礼佛的作用。其下
方有1个似塔基的图形和1个
骑马的信徒。

盘羊、人与动物图案
ARGALI, HUMAN AND ANIMAL FIGURES

早期铁器时代
纵48、横42厘米
Early Iron Age
Height: 48 cm
Width: 42 cm

画面中有公盘羊、骑马者、人形，后方两个发白的刻痕是近期刻划，左下方有2个形态不同的人，一个站立、一个仰卧，还有动物符号、骆驼、鹿，另有骑马者似在表演马术。

梅花鹿、鹿角与骆驼
SPOTTED DEER, ANTLERS AND CAMEL

铁器时代
纵30、横24厘米
Iron Age
Height: 30 cm
Width: 24 cm

画面在显要位置刻画了1只鹿角，鹿角下有1峰模糊的骆驼，左侧有1头梅花鹿。

狩猎
HUNTING

早期铁器时代
纵87、横39厘米
Early Iron Age
Height: 87 cm
Width: 39 cm

画面左上方有1个骑马的牧民，赶着5只北山羊，其中两只北山羊正在交配，另有一只北山羊被身后的一条犬咬着腿。画面下方有2个骑马者和1条犬，马背备鞍。此岩画反映了人犬配合狩猎的真实情景。

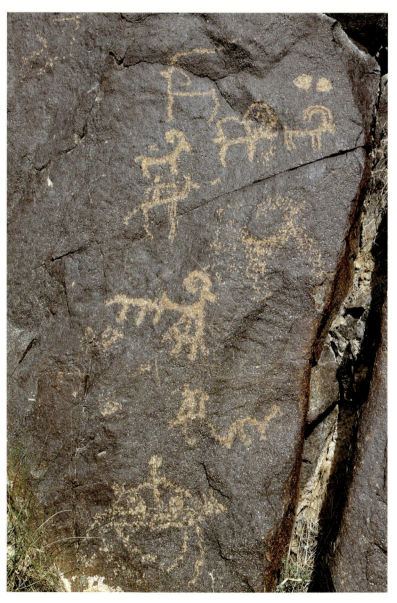

海龟与马
GOAT AND HORSE

铁器时代
纵16、横25厘米
Iron Age
Height: 16 cm
Width: 25 cm

　　画面左侧1个动物，形似一只海龟。右侧有1匹马。

栅栏
PALISADES

青铜时代
纵36、横48厘米
Bronze Age
Height: 36 cm
Width: 48 cm

刻画了1个栅栏图形。

建筑
BUILDING

明代～清代
纵36、横49厘米
Ming－Qing Dynasty
Height: 36 cm
Width: 49 cm

　　画面是一个建筑图案，7个大小不等的梯形物环环相扣，梯形最上方左右两角各露出两个兽头。右上方酷似一个稻草人。此岩画应与某种巫术有关，建筑物应该是寺庙或与佛教中的地狱有关。

杂耍与舞者
JUGGLERS AND DANCERS

北朝～唐代
纵46、横38厘米
Northern Dynasties－Tang Dynasty
Height: 46 cm
Width: 38 cm

　　画面中间有4个人，2人一组，作上下相连之状，一人站在另一人的肩部，上方的人头上有飘带。另一组则是一人坐在下方人的头顶上，形似杂耍。画面左侧有1个舞者，上身裸露，双腿微叉，舞姿优美。舞者左后方有1个骑马者，头戴尖顶帽，马备鞍。

猎羊与马队
GOAT HUNTING AND HORSE-RIDERS

青铜时代
纵79、横48厘米
Bronze Age
Height: 79 cm
Width: 48 cm

画面刻画的是猎人和骑马者正在执弓捕猎黄羊、盘羊和北山羊。画面左侧有4匹马，其中一匹公马和一匹母马头相对，作亲吻状。

骑者与符号
HORSE-RIDERS AND SYMBOL

铁器时代
纵22、横29厘米
Iron Age
Height: 22 cm
Width: 29 cm

画面为前后相随而行的2个骑马者，其中前面的骑者头顶似顶着一个动物，马前方有1个符号。

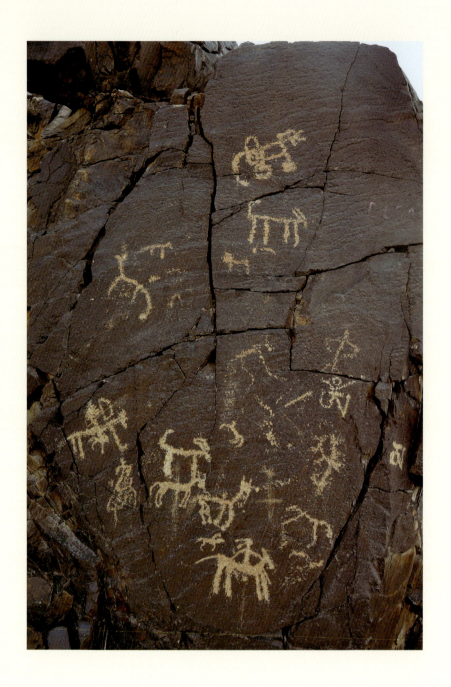

放牧
HERDING

7～8世纪
纵65、横90厘米
7th–8th Centuries
Height: 65 cm
Width: 90 cm

　　画面中有马、北山羊等动物图案。有1个叉腰的人形，系尾饰，可能是猎人。还有几个骑马者，有的手执弓箭，有的脑后系饰物。画面中还有两个刻痕较新的古藏文。此岩画记录了牧人骑马放牧的情景。

盘羊
ARGALI

铁器时代
纵23、横16厘米
Iron Age
Height: 23 cm
Width: 16 cm

　　刻画了2只盘羊，线条流
畅，形象逼真，造型生动。

马
HORSE

青铜时代
纵21、横33厘米
Bronze Age
Height: 21 cm
Width: 33 cm

　　刻画了1匹马，用点和
线条勾勒，中间留白，马昂
首奋蹄，体态矫健，神态
逼真。

盘羊
ARGALI

青铜时代
纵22、横23厘米
Bronze Age
Height: 22 cm
Width: 23 cm

　　刻画了1只盘羊，画面线条清晰，神态逼真，羊脚趾也细致地表现出来，可见作者技艺非常娴熟。

马上杂耍
HORSE-RIDING JUGGLERS

铁器时代
纵22、横26厘米
Iron Age
Height: 22 cm
Width: 26 cm

　　画面有2个骑马者，马呈奔跑状，马背上有2个人头对头，形似马术中的叠罗汉表演。

捉羊
CATCHING A GOAT

青铜时代
纵46、横34厘米
Bronze Age
Height: 46 cm
Width: 34 cm

　　画面上方是1个人形，双臂平伸，两腿劈叉。其下方有1个人，右手牵羊角，左手抓上方的人脚，人下方右下角有1个羊形符号。

人与北山羊
HUMAN FIGURE AND IBEX

铁器时代
纵22、横49厘米
Iron Age
Height: 22 cm
Width: 49 cm

　　画面左侧为1只雄性北山羊，右侧有1个横置的人形，休态健壮，两臂平伸，由肘部下折，双腿呈"O"形，五指分开。右侧有北山羊图案。

牧鹿图
DEER HUNTING

新石器时代
纵56、横33厘米
Neolithic
Height: 56 cm
Width: 33 cm

画面上方有1个骑者追逐1只狍子，下方有1头鹿，鹿后方有1个方框鹿形。下方是1个骑马者。再下方为一符号化动物。

人
MAN

元代
纵28、横18厘米
Yuan Dynasty
Height: 28 cm
Width: 18 cm

　　刻画了1个彪悍的大力士，手臂平伸自然下垂，双手五指叉开。此岩画可能记录了一个摔跤手。

犬与鹰
HOUNDS AND EAGLE

7世纪
纵22、横29厘米
7th Century
Height: 22 cm
Width: 29 cm

　　画面中间有1条体态硕大、凶猛的犬，犬尾上卷，仰头远望，下方有1条幼犬，尾巴直立，还有1只飞鹰。此岩画刻画的是吐蕃人用于狩猎的藏獒和猎鹰。

交战
COMBAT

北朝~唐代
纵43、横56厘米
Northern Dynasties－Tang Dynasty
Height: 43 cm
Width: 56 cm

画面刻画了一幅十分生动的骑兵对战场面。双方各有3个弓箭手，列队站立，弓拉满月，瞄准对方，弓箭手身后各牵一匹马。右侧的马背上备有鞍。此外，左下方有1只形似怀孕的母羊。

驯驼
CAMEL BREAKING

青铜时代
纵56、横90厘米
Bronze Age
Height: 56 cm
Width: 90 cm

画面左上方有1个骑马者，其后有1个体形
硕大、脚趾形似犬爪的动物。左侧有1个人手持
木棍在调驯一只小驼羔。其下有1个牵马的人，
手持木棍，有尾饰。此外，还有几只羊散刻在
画面各处。

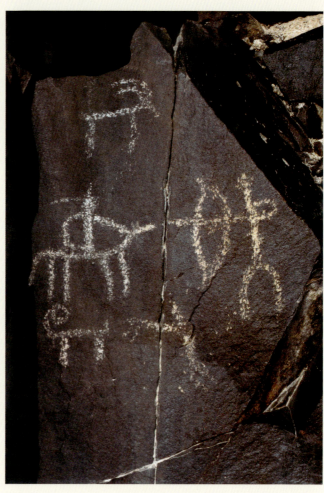

弓箭、羊与人
BOW AND ARROWS, GOAT AND HUMAN FIGURE

青铜时代
纵54、横43厘米
Bronze Age
Height: 54 cm
Width: 43 cm

　　画面主要位置刻画了1张长弓，其右上方有1只盘羊和2个符号，可能表示羊、犬。下方有1个双手叉腰的人，正在观望右侧的2只盘羊交媾，人的左右两侧各有1匹马。

弓箭手与骑者
BOWMAN AND RIDER

铁器时代
纵41、横33厘米
Iron Age
Height: 41 cm
Width: 33 cm

　　画面中有1个骑者和1个弓箭手。骑者一手握缰绳一手叉腰，脑后有长长的饰物；引弓待发的弓箭手，正将箭对准骑者。画面中还有北山羊、盘羊及动物图案。

牵马人
MAN LEADING HORSE

青铜时代
纵23、横35厘米
Bronze Age
Height: 23 cm
Width: 35 cm

画面左侧立有1匹驮物的公马，马前站立1人，双腿粗壮，呈八字形站立，双臂较长，右手自然垂落于脚部，左手向上弯屈抚摸马胸部，可能是一个巫者正在对马施展法术。右上方有1个简略人形和1个圆点，用意不明。

骑者与北山羊
HORSE-RIDERS AND IBEXES

铁器时代
纵68、横46厘米
Iron Age
Height: 68 cm
Width: 46 cm

画面中有5只大小不同的北山羊和3名骑马者。上方2个骑马者马尾与马腿相连，向不同方向奔跑，中间4只北山羊体形硕健，向不同方向行进。该岩画反映了牧人放牧的情景。

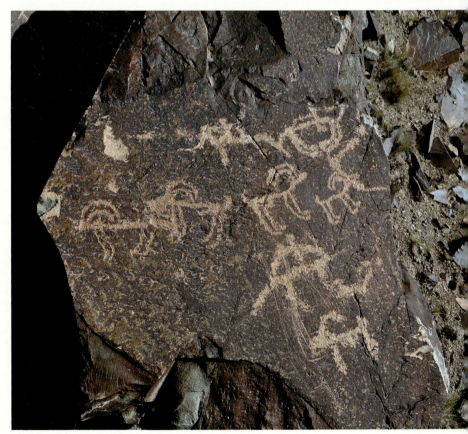

人与盘羊
MAN AND ARGALI

青铜时代
纵32、横21厘米
Bronze Age
Height: 32 cm
Width: 21 cm

画面是由1个人和1只盘羊组成的图案。左侧有一个体形较瘦高的简略人形，左手叉胸前，右手下垂，右侧有1只盘羊。人与盘羊下方相连1个图案，寓意不明。

狩猎与牧驼
HUNTING AND CAMEL HERDING

青铜时代
纵48、横44厘米
Bronze Age
Height: 48 cm
Width: 44 cm

　　画面上方有2峰骆驼，其左侧有2个站立交媾的人。右下方是1个猎人执弓射击盘羊的颈部，盘羊体型肥健，犄角较大呈卷曲状，颈部似中3箭。盘羊后方有2个骑马者，似在追赶这只盘羊。

骑牧
HERDERS ON HORSEBACK

早期铁器时代
纵43、横27厘米
Bronze Age
Height: 43 cm
Width: 27 cm

画面刻画了2名骑马者分别追逐4只北山羊和1只盘羊的场景，还有向左奔跑的3匹马，马下方有1只北山羊。岩画再现了骑马放牧和追逐猎物的情景。

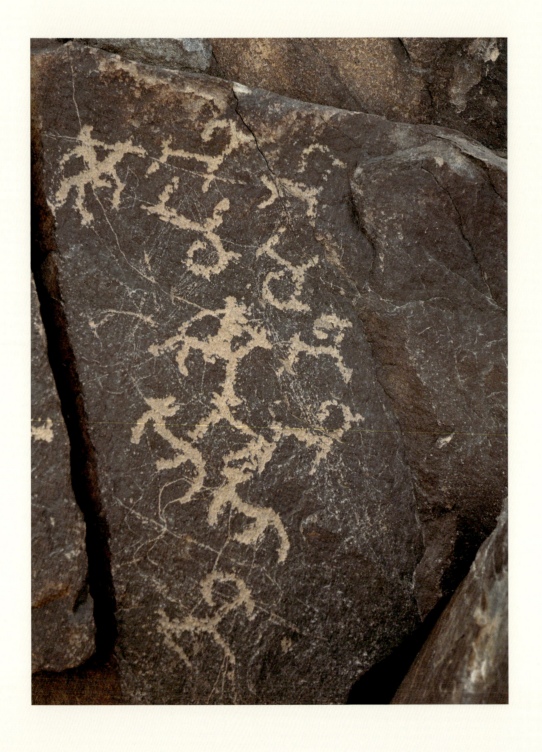

叉腰人与骆驼
HUMANS WITH ARMS AKIMBO AND CAMELS

早期铁器时代
纵56、横24厘米
Early Iron Age
Height: 56 cm
Width: 24 cm

画面上方站着一大一小2个人，均双手叉腰，目视着下方的北山羊和骆驼。下方有2只体态肥壮的北山羊和4峰双峰野骆驼，其中2峰骆驼形似低头吃草。

抢夺猎物
STRUGGLE OVER GAME

北朝
纵41、横57厘米
Northern Dynasties
Height: 41 cm
Width: 57 cm

画面中有4个骑猎者，其中两个张弓引箭瞄准对方，另一个骑者备马鞍执弓搭箭，余下的一个骑者较模糊，另有1张空弓和1只奔跑的盘羊。可能是4个猎手为争取猎物发生了冲突。

出行
OUTING

铁器时代
纵32、横33厘米
Iron Age
Height: 32 cm
Width: 33 cm

　　画面中有6个骑马者朝着同一方向行进，1只体型较大的北山羊，犄角夸张到触达臀部和羊尾连在了一起。还有1峰驼羔正在吃奶，1个呈光芒四射状的太阳形。此岩画刻画了一次烈日当头出行之事。

车轮
CARTWHEEL

青铜时代
纵28、横52厘米
Bronze Age
Height: 28 cm
Width: 52 cm

　　画面左侧是骑者在奔跑中徒手活捉了一只羊，正往马背上拖。刻画了骑者在奔跑中徒手活捉猎物的情景，反映了游牧民族高超的骑术。右侧为1个有6根辐条的车轮。

鹰
EAGLE

北朝
纵32、横33厘米
Northern Dynasties
Height: 32 cm
Width: 33 cm

画面刻画了2只凌空飞翔的雁，一前一后，前者作张嘴长鸣状。在鹰之两侧，用尖锐的金属器划刻了一根根单线条表示翅膀。

不明符号
SYMBOL WITH UNIDENTIFIED MEANING

青铜时代
纵14、横11厘米
Bronze Age
Height: 14 cm
Width: 11 cm

刻画在山顶的一块迎西岩石上，用线条勾勒了一个图案，图案留白部分形似一人形，具体寓意不明。

猎狼与猎羊
HUNTING WOLF AND IBEX

北朝
纵32、横39厘米
Northern Dynasties
Height: 32 cm
Width: 39 cm

　　画面上方有1个徒步单猎的人，引弓待发，瞄准前方1只张着嘴的狼，猎人背后有一张用线条刻画的空弓。下方有1个骑猎者，马备有鞍，猎人身体前倾，拉弓搭箭，对准前方的1只北山羊。

交配
MATING

早期铁器时代
纵11、横11厘米
Early Iron Age
Height: 11 cm
Width: 11 cm

　　刻画了2只北山羊在交配。

鸭
DUCK

清代
纵13、横11厘米
Qing Dynasty
Height: 13 cm
Width: 11 cm

刻画了1只鸭。

双峰驼群
TWO-HUMPED CAMELS

铁器时代
纵42、横23厘米
Iron Age
Height: 42 cm
Width: 23 cm

刻画了15峰双峰骆驼组成的驼群，其中有3峰驼羔，有1峰驼羔正在吮吸母驼的乳汁。阿拉善地区自古就是盛产骆驼的地区，是我国双峰驼最早的驯化地之一。巴丹吉林地区骆驼岩画的出现，说明很早以前，这里无论在生态条件还是社会经济上，都适合骆驼的大量生存和繁殖。据考证，这些岩画可能是匈奴早期的文化遗物。

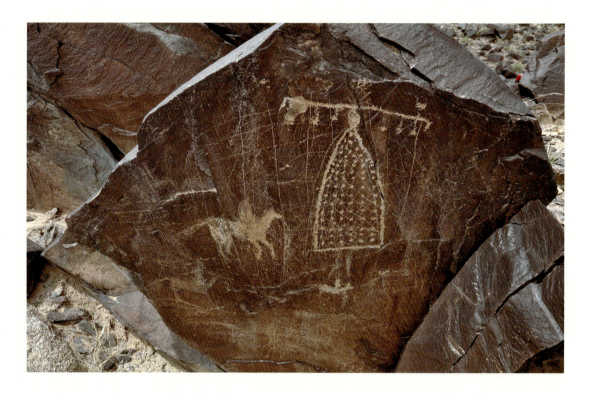

帐篷
YURT

青铜时代
纵42、横34厘米
Bronze Age
Height: 42 cm
Width: 34 cm

刻画了1顶布满斑点的帐篷，顶作圆球状，上端有一根横梁。左下方有1个骑马者，正跑向帐篷，下方有1个骑马者。此岩画可能与宗教有关。

梯子
LADDER

铁器时代
纵42、横15厘米
Iron Age
Height: 42 cm
Width: 15 cm

画面是一个7级的梯子，顶部似1个横向动物形，右下方有1个简略动物形与梯子边相连。远古时代梯子被视为巫师通天的工具。

驯鹿图
DEER BREAKING

北朝～唐代
纵68、横56厘米
Northern Dynasties–Tang Dynasty
Height: 68 cm
Width: 56 cm

画面左侧有1头梅花鹿，背部有骑鹿人。其前方有1个骑驼者，一手牵引拴鹿的绳索，一手紧握驼头上的缰绳。最前方为骑马者，引导后面的骑鹿者和骑驼者前行。此岩画反映的是驯鹿的情景。

祭台与弓箭手
SACRIFICIAL DESK AND BOWMEN

青铜时代
纵74、横46厘米
Bronze Age
Height: 74 cm
Width: 46 cm

画面中三角形的祭台上方有1个被捆绑的人，左右各有1人用力撕扯他的双臂，前方有1个引弓搭箭的人，正瞄准他。祭台左下方有1头站立的鹿，鹿角呈圆圈形，光芒四射，右侧有1个人翩翩起舞。左下方有正在执弓猎捕北山羊、雌盘羊的猎人，雌盘羊腹下乳头显露，1只小盘羊形似在吮奶。此岩画刻画了游牧民族祭祀的场面。

鹰猎羊
EAGLE PREYING UPON GAZELLE

北朝
纵38、横25厘米
Northern Dynasties
Height: 38 cm
Width: 25 cm

　　刻画了3只羚羊和1只鹰。鹰站在一只雌羚羊的背部，右翅伸向羚羊的头部，疑似遮挡羚羊的视线，中间有一只奔跑的雄羚羊，下方有一只小羚羊。此岩画记录了雄鹰猎羊的生动场面。

骑者、鹿与骆驼
RIDERS, DEER AND CAMELS

早期铁器时代
纵38、横54厘米
Early Iron Age
Height: 38 cm
Width: 54 cm

　　画面左上方有骑马者和动物，右下方有人、鹿、马、犬、骑者、骆驼、羊等。

骑射
HORSE-MOUNTED ARCHER

铁器时代
纵34、横23厘米
Iron Age
Height: 34 cm
Width: 23 cm

画面右上方有动物符号，其下方有1匹昂首挺立的马，1位弓箭手骑于马背上，将箭反身射向上方1个动物形。马下方有方格组成的抽象图案，寓意不明。

舞者
DANCERS

铁器时代
纵98、横56厘米
Iron Age
Height: 98 cm
Width: 56 cm

画面为1男1女形似在跳舞，左男右女，皆
系尾饰，并排而站，女人腹部微凸。

放牧
HERDING

7世纪
纵76、横53厘米
7th Century
Height: 76 cm
Width: 53 cm

画面左上方有1只北山羊，右下方有马、骑者、人、犬、绵羊等。其中，骑者应是牧羊人。

猎人与井
HUNTER AND WELL

铁器时代
纵58、横42厘米
Iron Age
Height: 58 cm
Width: 42 cm

画面最上方是1只凌空展翅飞翔的草原鹰，其右下方有奔跑的北山羊、青羊、盘羊，有1个叉腰人形，牵着一只北山羊。另有执弓的猎人、鹿、马、井。整个画面表现了狩猎和放牧的情景。

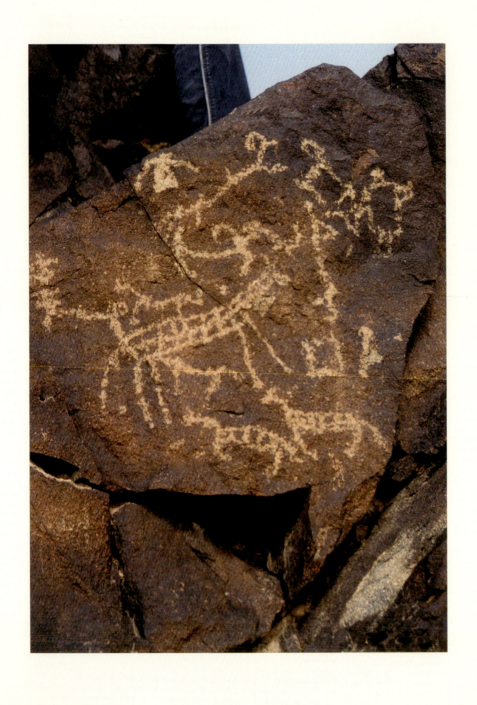

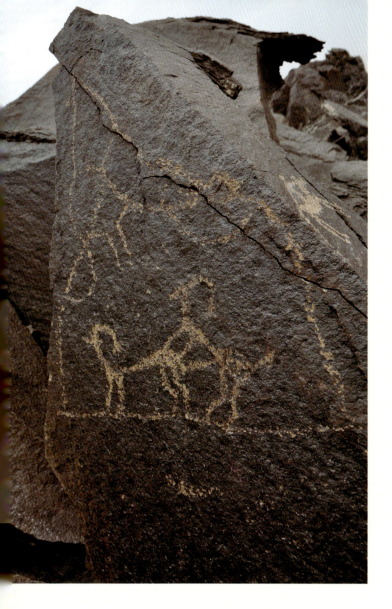

山羊交配
GOATS IN MATING

铁器时代
纵36、横56厘米
Iron Age
Height: 36 cm
Width: 56 cm

　　画面用线条勾勒1个方形轮廓，下方有2只山羊在交配，上方左侧有1人形和1只奔跑的羚羊。动物交配是巴丹吉林岩画中非常普遍的题材，以祈求牲畜繁殖、人畜兴旺。

鹿、人与骑者
DEER, HUMAN FIGURES ON RED FOOT AND ON HORSEBACK

青铜时代
纵36、横56厘米
Bronze Age
Height: 36 cm
Width: 56 cm

　　画面左上方及下方有3头犄角特别夸张的马鹿。左上方是由弓箭手、人形、马等组成的模糊图案。

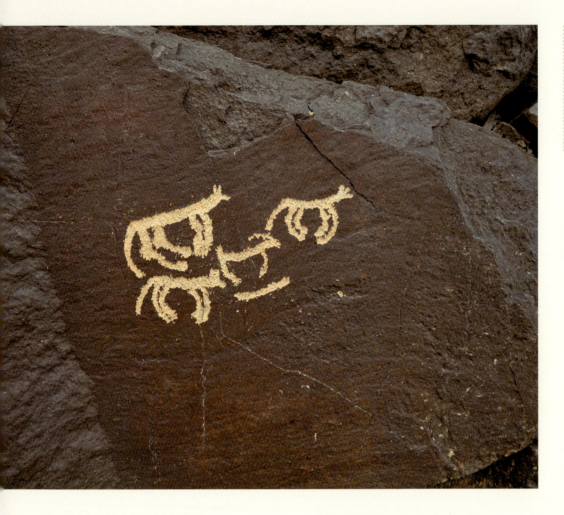

马与羊
HORSES AND IBEX

早期铁器时代
纵20、横29厘米
Early Iron Age
Height: 20 cm
Width: 29 cm

    刻画了3匹马、1只北山羊和1个符号。画面采用磨刻技法制作，动物形象清晰，用笔流畅，栩栩如生。

符号
SYMBOL

青铜时代
纵30、横23厘米
Bronze Age
Height: 30 cm
Width: 23 cm

    画面凿刻了1个符号，具体寓意不明。

叉腰人与猎鹰
MAN STANDING WITH ARMS AKIMBO AND HUNTING EAGLE

青铜时代
纵87、横58厘米
Bronze Age
Height: 87 cm
Width: 58 cm

画面最上方有1个人形，双手叉腰，两腿分叉站立于一个物体之上。下方有骑者、动物等相连在一起的图案。最下方左侧有1只展翅飞翔的猎鹰。反映了猎人放鹰狩猎的场景。

苏亥赛岩画群
SUHAISAI PETROGLYPHS

　　苏亥赛岩画群位于阿拉善盟阿拉善右旗曼德拉苏木固日班呼都格嘎查东南的苏亥赛丘陵上，海拔1499米。苏亥赛蒙古语意为"好红柳"，因当地长有红柳而得名。岩画分布在一条条马鬃式黑色峭壁和一座座平地崛起的灰色巨石上。内容丰富、题材多样，在东西约3.5千米、南北约2千米的范围内，共发现岩画2000余组。内容有民族图案、女神、舞蹈、狩猎、放牧、骑者、行人及牛、马、羊、骆驼、虎等动物及日、月、星辰等记事符号。岩画的刻画方法有凿刻和磨刻两种。根据岩画的内容判断，此岩画群是青铜时代的民族雕刻和民间艺术作品。2005年被公布为旗级重点文物保护单位。

　　The Suhaisai Petroglyphs are located upon the Suhaisai Hills, with an altitude of 1,499 metres, in the southeast of Gu−ri−ban−hu−du Gegacha（"village"）, Mandela Sumu（"Township"）, Alxa Right Banner, Alxa League. In Mongolian, Suhaisai means "good rose willow", as the area is named after the plant. The petroglyphs are distributed on black precipices in a horse mane−like layout and on gigantic grey rocks. Varied in content and subject, a cluster of over 2,000 sets of petroglyphs stretches approximately 3.5 kilometres east to west, and approximately 2 kilometres north to south. They represent a variety of subjects including ethnic motifs, goddesses, dance, hunting, grazing, riders, travellers; animals such as oxen, horses, goats and sheep, camels and tigers; as well as descriptive symbols like the sun, moon, and stars. The techniques employed include chiselling and engraving. Judging by subjects, the petroglyphs are engravings and works of folk art created by nomadic peoples in the Bronze Age.

生育神
GODDESS OF FERTILITY

元代
纵103、横134厘米
Yuan Dynasty
Height: 103 cm
Width: 134 cm

该画面刻画的是生育之神，由3个图案化人像表示。中间一人为女性，头顶戴着太阳光冠，五官粗具，胯下为用菱形图案表示的女阴，其下的图形是小孩子的形体。在这个生育之神两侧各有一个男性神。此岩画通过刻画对生育神的祭拜，满足人们对人口繁衍的渴求和美好的愿望。

骑者与交媾
RIDER AND COPULATION

元代
纵163、横188厘米
Yuan Dynasty
Height: 163 cm
Width: 188 cm

画面左上方有一行蒙文，汉意为佛教中的六字真言。蒙文左侧有骆驼、马、羊、骑马者以及动物图案等。蒙文右侧刻画了1个形似牛头的图案，可能与祭祀或图腾有关。画面下方有骑者、弓箭、骆驼、符号、上下叠压的动物形等。画面正中有男女交媾图。

人与北山羊
MAN AND MOUNTAIN GOAT

早期铁器时代
纵120、横132厘米
Early Iron Age
Height: 120 cm
Width: 132 cm

画面正中刻画了1个站立的彪形大汉，可能是一个猎人。其左侧有2只北山羊正在顶架，下方有1个奔跑的骑马者。

群神像
DEITIES

元代
纵339、横110厘米
Yuan Dynasty
Height: 339 cm
Width: 110 cm

画面部分脱落，模糊不清。正中为1个大的神像，头顶有刺芒状的头饰，五官用4个点表示，下半身有明显的女阴。其左侧有8个人头像，右侧有5个人头像，人的四肢为卷曲的植物纹样。最下方有很长的一道波浪纹。

系尾人
MAN WITH DECORATIVE TAIL

铁器时代
纵35、横42厘米
Iron Age
Height: 35 cm
Width: 42 cm

画面左侧有1个人坐于地上，双腿前伸，双臂自然下垂，其右侧站立1个人，体型高大，双臂下垂，双腿自然叉开，足尖朝外，臀下系尾。

群猎北山羊
GROUP HUNTING OF IBEXES

汉代
纵136、横77厘米
Han Dynasty
Height: 136 cm
Width: 77 cm

画面反映的是群猎北山羊的激烈场面。有5个盘弓搭箭的猎人，其形态各异，有的瞄准了前方的北山羊，有的箭已经射中了猎物，猎物正在奔跑或拼命挣扎。画面上还有马、骆驼等动物。

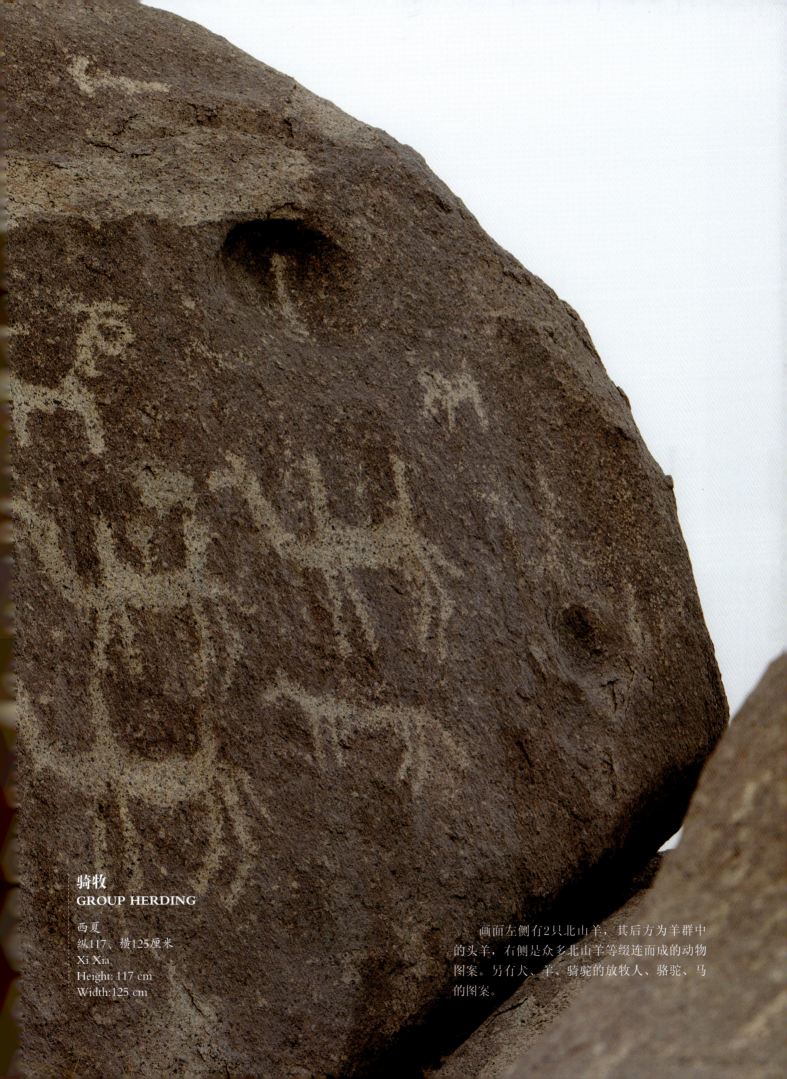

骑牧
GROUP HERDING

西夏
纵117、横125厘米
Xi Xia
Height: 117 cm
Width: 125 cm

画面左侧有2只北山羊，其后方为羊群中的头羊，右侧是众多北山羊等缀连而成的动物图案。另有犬、羊、骑驼的放牧人、骆驼、马的图案。

动植物纹
FAUNAL AND FLORAL MOTIFS

元代
纵36、横38厘米
Yuan Dynasty
Height: 36 cm
Width: 38 cm

画面是一个植物图案纹，寓意不详。右侧下方有骆驼、羊等动物纹。

骑牧
HORSE–MOUNTED HERDINGT

早期铁器时代
纵44、横23厘米
Early Iron Age
Height: 44 cm
Width: 23 cm

　　画面最上方是简略动物形，下方有
骆驼、犬等动物。下方有1个骑牧者，
赶着1只北山羊。最下方是重叠在一起
的2只羊。

神像
DEITY

元代
纵58、横43厘米
Early Iron Age
Height: 58 cm
Width: 43 cm

　　画面四周石皮脱落严重。
画面中有一轮廓似人面的头
形，但面部狰狞，形象古怪，
宽面高颧骨，有双眼和巨口，
额部有头发，可能是以人面为
特征刻画的当地居民信仰的
神像。

猎牛、羚羊与动物图案
HUNTING WILD OXEN, GAZELLES AND OTHER ANIMALS

青铜时代
纵87、横43厘米
Bronze Age
Height: 87 cm
Width: 43 cm

画面凌乱，相互叠压和缀连在一起，可以辨认的有骑者、人、马、羚羊、执弓箭人等，还有众多的动物组成的动物图案。其中左下方一个执弓猎人，瞄准一头野牛。岩画总体反映了狩猎的场景。

骑者、犬与车
RIDER, HOUND AND CART

青铜时代
纵32、横41厘米
Bronze Age
Height: 32 cm
Width: 41 cm

画面上方是由骑马者、马和车组成的图案。车的样式为单辕、两轮、方舆。画面左下方有1个符号，下方有1条卷尾犬。

太阳神
GOD OF THE SUN

元~明代
纵103、横118厘米
Yuan-Ming Dynasties
Height: 103 cm
Width: 118 cm

画面是由7个头戴光冠的太阳神组成，整体颇似建筑物，疑似一座庙宇，里面置太阳神像，人体呈菱形表现，十分抽象和图案化。此岩画系凿刻而成，为元明时期蒙古族人的作品。

女神
GODDESS

元代
纵160、横110厘米
Yuan Dynasty
Height: 160 cm
Width: 110 cm

画面正中有一个图案化人形，是由人形与花草合体构成的图案，头顶有刺芒状物，胸部呈三角形，四肢用卷曲的涡旋纹表示，女阴用菱形纹表示。左右两侧各有1个较小的神像，头顶均有放射状光芒，四肢也用卷曲纹示之，皆饰尾，应是男性。

不明图案
PATTERN WITH UNKNOWN MEANING

元代
纵54、横41厘米
Yuan Dynasty
Height: 54 cm
Width: 41 cm

画面图案形似火焰纹，应与宗教或某种图腾有关。

舞者
DANCERS

铁器时代
纵38、横52厘米
Iron Age
Height: 38 cm
Width: 52 cm

画面为2个人手拉手翩翩起舞，舞姿优美。左侧舞者左臂平伸且较短，右侧舞者右臂高举，足尖朝外，系尾饰。此岩画反映的是猎人在跳伪装的狩猎舞。

神像
DEITY

清代
纵54、横58厘米
Qing Dynasty
Height: 54 cm
Width: 58 cm

　　画面为1个神像，身体呈菱形，头上有太阳光芒，端坐在神坛上。画面清晰，线条流畅。此岩画具体寓意不明，应与宗教有关。

人面像
HUMAN-FACED IMAGE

新石器时代～青铜时代
纵32、横21厘米
Neolithic-Bronze Age
Height: 32 cm
Width: 21 cm

　　刻画了一幅长方形人面像，面部凌乱而抽象，以各种艺术符号构成五官。人面像岩画是一种古老的文化现象，在巴丹吉林，人面像岩画不是主题题材，数量也不多。此岩画对研究巴丹吉林地区早期人类文化具有重要意义。

放牧
GRAZING

北朝
纵68、横35厘米
Northern Dynasties
Height: 68 cm
Width: 35 cm

画面上下方及中间各有1个骑马者，均扬鞭策马，追逐前方的羊群。画面下方有1个人形，身体呈方形，右手上举，臀部系尾饰，是伪装的猎人。此岩画反映的是骑牧的场景。

人面像与北山羊
HUMAN FACE AND IBEXES

铁器时代
纵124、横87厘米
Iron Age
Height: 124 cm
Width: 87 cm

　　画面左侧上方有2只奔跑的北山羊，其下方有1个人面像，人面像右侧和下方各有1只北山羊，再下方有符号、骑者、鹿等。

图案
MOTIF

青铜时代
纵25、横43厘米
Bronze Age
Height: 25 cm
Width: 43 cm

　　刻画了一个长方形图案，上方呈人字形，下方用线条分割成若干小方块。图案左上方有1个圆圈。

夏拉木岩画群

XIALAMU PETROGLYPHS

　　夏拉木岩画群地处阿拉善盟阿拉善右旗曼德拉苏木额肯呼都格嘎查境内的夏拉木山中，海拔1377米。夏拉木系藏语，寓意不清。在长约2.5千米、宽约2千米的范围内发现岩画1000余幅，主要分布在山顶黑色石块上。岩画内容以牛、羊、马、鹿、狗、飞禽等动物图案为主，还有骑者、狩猎、舞蹈、弓箭、放牧、记事符号、民间图案等。从岩画内容、制作、风格分析判断，此岩画群中早期岩画较少，汉代至元、明、清代的作品占绝大多数。岩画画面充满了浓郁的生活气息，对研究古代北方游牧民族的生产生活方式具有非常重要的意义。

The Petroglyphs are located on Xialamu Mountain, with an altitude of 1,377 metres, in Ekenhudu Gegacha ("Village"), Mandela Sumu ("township"), Alxa Right Banner, Alxa League. Xialamu is Mongolian and its meaning is unknown. Over 1,000 petroglyphs have been found within an area approximately 2.5 kilometres long and approximately 2 kilometres wide. Mainly distributed over black rocks atop the mountain, they chiefly represent animals such as oxen, goats/sheep, horses, deer, hounds and birds, as well as riders, hunting, dance, bow and arrows, herding, descriptive symbols and other folk motifs. Judging by subject, technique and style, a vast majority of the paintings date from the Han Dynasty, through the Yuan and Ming dynasties, to the Qing Dynasty, with very few dating to earlier times. The images bristle with life and are of great value to studies on the production and life of ancient northern nomadic peoples.

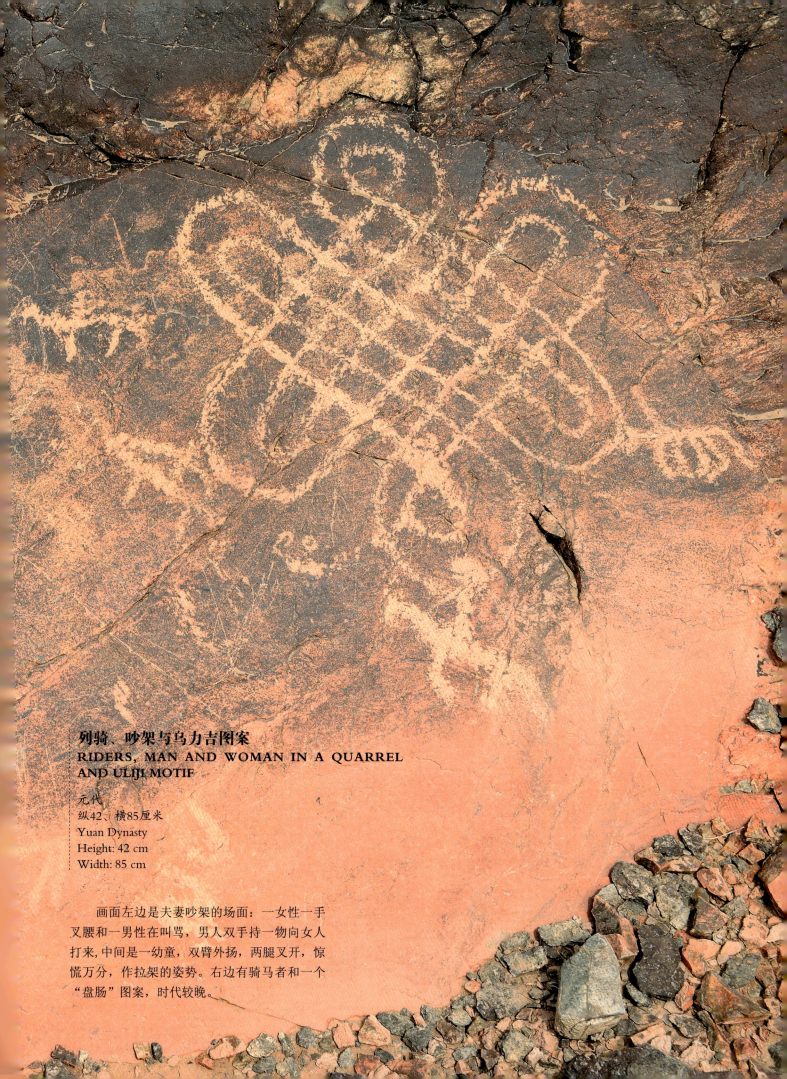

列骑、吵架与乌力吉图案
RIDERS, MAN AND WOMAN IN A QUARREL
AND ULIJI MOTIF

元代
纵42、横85厘米
Yuan Dynasty
Height: 42 cm
Width: 85 cm

    画面左边是夫妻吵架的场面：一女性一手
叉腰和一男性在叫骂，男人双手持一物向女人
打来，中间是一幼童，双臂外扬，两腿叉开，惊
慌万分，作拉架的姿势。右边有骑马者和一个
"盘肠"图案，时代较晚。

水井、鹿与骑者
WATER WELL, DEER AND RIDERS

铁器时代
纵62、横102厘米
Iron Age
Height: 62 cm
Width: 102 cm

画面正中有1个方形水井图案，周围有马、骑者、牛、鹿、犬和北山羊向水井方向集中，水井四周动物比较模糊。画面右上方有骑鹿者、马、蛇、鹿等图案。

众骑者
RIDERS

元代
纵43、横133厘米
Yuan Dynasty
Height: 43 cm
Width: 133 cm

画面左侧有6个骑马者向同一方向行进，右侧有4个骑马者。画面中间上面有1个马头，右侧有2个骑马者，下方有1个人牵着1个动物，其下方有1个"栓"字，刻痕较新，系近期刻画。画面左上方和下方各有一行藏文和蒙古文字。

众骑者与犬
HORSE-RIDERS AND HOUND

元代
纵34、横65厘米
Yuan Dynasty
Height: 34 cm
Width: 65 cm

画面有9个骑马者，6个向左而行，3个向右行进。画面右侧下方的2个骑者，前面的为男性，后面的为女性，男骑者头戴圆顶宽沿帽，一手握马缰，一手牵着后面的马缰绳，上方紧随1条犬。

符号
SYMBOL

铁器时代
纵23、横32厘米
Iron Age
Height: 23 cm
Width: 32 cm

画面是1个圆形符号，中间刻画了十字，含义不明。

骑者与太阳
RIDERS AND THE SUN

北朝～唐代
纵60、横80厘米
Northern Dynasties－Tang Dynasty
Height: 60 cm
Width: 80 cm

画面左侧有2个骑马者，下方的骑者领着1条犬，驱赶1匹马。右侧上方有1个圆圈图案，中间有1个点，表示太阳。此岩画反映了草原游牧民族日出放牧、日落牧归的情景。

太阳与骑者
THE SUN AND RIDERS

北朝～唐代
纵59、横98厘米
Northern Dynasties－Tang Dynasty
Height: 59 cm
Width: 98 cm

画面左上方似有1只老鹰，仅展一翅。右下方有7个骑马者，其中4个向右行进，3个向左行进，上方四骑中间有一个"＋"形符号。其右上方的圆圈中有一个圆点，是太阳符号。

飞禽与放牧
BIRDS AND HERDING

铁器时代
纵61、横89厘米
Iron Age
Height: 61 cm
Width: 89 cm

刻画的是骑牧场面，有3个骑马者和1个骑驼者，散刻于羊群之中。画面中有北山羊、羚羊、马等动物。画面左上方刻画了一了"卐"形符号，是佛教和印度教的标志，意思是"吉祥海云相"，也就是呈现在大海云天之间的吉祥象征。

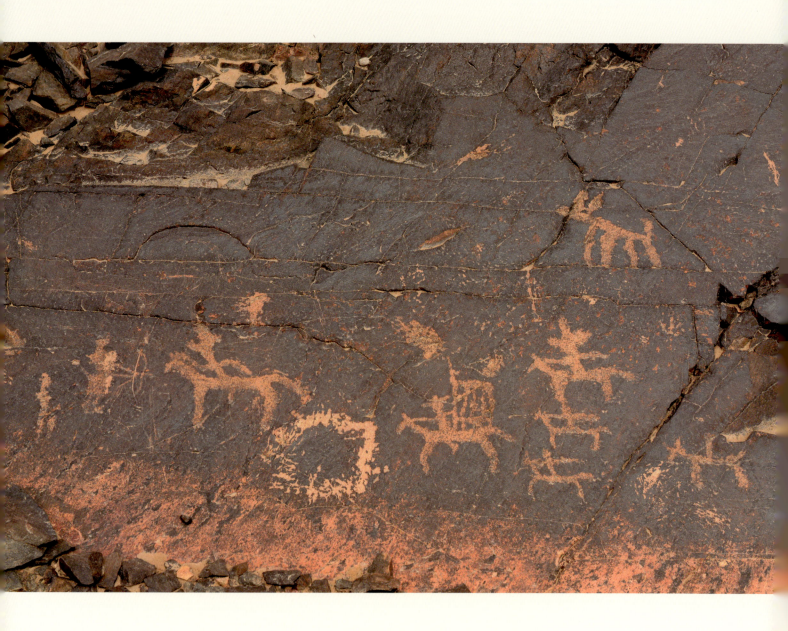

赛马
HORSE RACE

元代
纵56、横108厘米
Yuan Dynasty
Height: 56 cm
Width: 108 cm

画面中有执弓猎人和骑马者，6个骑马者
策马扬鞭，向同一方向疾驰，其中一个骑者举
一面旗。另有1个似水井的方形图案，还有1只
黄羊。此岩画描绘了草原上赛马的情景。

佛头像
BUDDHA HEAD

清代
纵28、横18厘米
Qing Dynasty
Height: 28 cm
Width: 18 cm

刻画了一尊佛像，发髻呈尖顶状，双目微睁，面部丰腴，表情祥和、端庄。此岩画雕凿精细，结构严谨，人像刻画得栩栩如生，显得亲切、慈祥、优美、宁静。

舞者
DANCER

铁器时代
纵45、横24厘米
Iron Age
Height: 45 cm
Width: 24 cm

刻画了1个舞者，五官清晰，四肢细长。舞姿优美，上肢双臂平伸，自臂肘处下垂，双腿呈蹲步状，脚尖向外，系男性，生殖器外露。右侧有1个人面像。

打架
FIGHT

元代
纵45、横24厘米
Yuan Dynasty
Height: 45 cm
Width: 24 cm

画面右侧有1个盘膝而坐的人，双手合于胸前，注视着前方打架的2个人。右侧的人右手叉腰，左手直击对方腹部，左侧的人左手牵马，右手食指指向对方的额部，一脚勾住对方的腿。此岩画记录的是两个人打架的场景。

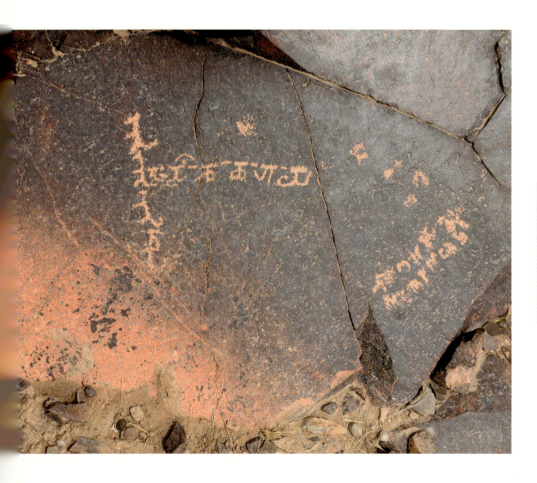

藏文字母与北山羊
TIBET LETTERS AND IBEXES

7～8世纪
纵32、横54厘米
7th –8th Centuries
Height: 32 cm
Width: 54 cm

画面上方有一列藏文字母，下方有6只北山羊呈一排向同一方向行进。最上方有两行模糊的字母，可能是佛教中的六字真言。

海日很岩画群

HAIRIHEN PETROGLYPHS

　　海日很岩画群位于阿拉善盟阿拉善右旗阿拉腾敖包镇呼木德勒嘎查以西25.2千米，海拔1375米。海日很蒙古语意为"圣山"。岩画分布在一条东西2千米、南北3千米的河床两侧的石壁上，共发现300余组。岩画主要采用凿磨刻法，线条粗糙，刻痕较深。岩画内容以人面神像、太阳、星辰、符号为主，其次为羊、牛、马、骆驼、野驴、放牧、车辆等。人面神像有圆形、椭圆形、长圆形等，与我国太阳神图腾流行年代的神话与传说相仿。据推断，此岩画群为新石器时代晚期、春秋战国、汉代早期的作品。

　　The Hairihen Petroglyphs are located at Hairihen Mountain, with an altitude of 1,375 metres, 25.2 kilometres to the west of Humudele Gacha（"village"）, Alatan Aobao Town, Alxa Right Banner, Alxa League. In Mongolian, Hairihen means "holy mountain". The petroglyphs are distributed on rocky cliffs in an area along the river, 2 kilometres from east to west and 3 kilometres north to south. Over 300 sets have been found in total. The main techniques employed include incising and engraving and feature deeply−cut coarse lines. The subjects are primarily human−faced deities, the sun, stars and symbols, as well as goats/sheep, oxen, horses, camels, wild donkeys, herding, and carts. The human−faced images, round or oval in shape, are consistent with the descriptions in legends and myths of the times when the totem of the sun god was prevalent in China. As dated, these petroglyphs are works of the late Neolithic Age, Spring and Autumn and Warring States period, and early Han Dynasty.

牛车与马术
OX-DRAWN CART AND EQUESTRIANISM

青铜时代
纵32、横33厘米
Bronze Age
Height: 32 cm
Width: 33 cm

　　画面由骑者、太阳及牛车等组成。牛车有车棚，上面坐着1个人。下方有2个骑者。右上方有1匹连体马，左右侧各有马头，马背上站立1个人，双臂上举一个弧形器物，似弓箭，可能是在表演马术。左下方有1个圆圈，圈内有一个点，表示太阳。

骑者
HORSE-RIDERS

隋代、唐代
纵38、横71厘米
Sui-Tang Dynasties
Height: 38 cm
Width: 71 cm

画面右侧有5匹马，其中3匹有骑者，骑者均呈柱状表示。左侧有1个表示住房的"凸"字形图像，里面形似1个人形。上方有1个表示水井的方框。

太阳
THE SUN

新石器时代
纵15、横38厘米
Neolithic
Height: 15 cm
Width: 38 cm

刻画了2个圆圈，内各有圆点，下方各有一个不明物体。画面反映了日出日落的情景。

骑者与犬
HORSE-RIDERS AND HOUND

北朝
纵32、横33厘米
Northern Dynasties
Height: 32 cm
Width: 33 cm

画面上方刻画了2个骑马者，一前一后，前面的马缓慢行进，后面的骑马者手臂上举架鹰疾驰而来。两骑下方紧随1条牧犬，犬尾上卷。此岩画反映的是猎人携鹰领犬出猎的场景。

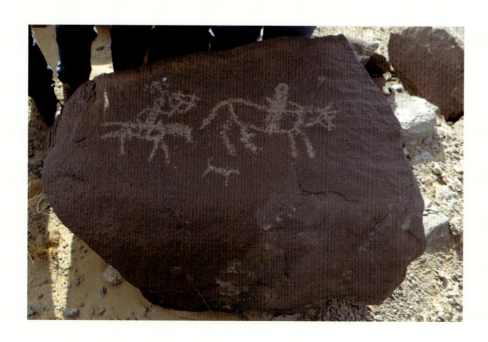

人面像
HUMAN-FACE IMAGES

新石器时代
纵39、横62厘米
Neolithic
Height: 39 cm
Width: 62 cm

画面中有多个人面像，形象各异。有的形似猫头，下面相连1个人面像，有的3个人面像组成象征男根的图案，有的2个相连表示女阴。此岩画凿磨制作，画面内容反映了生殖崇拜。

人面像
HUMAN-FACE IMAGE

新石器时代
纵32、横33厘米
Neolithic
Height: 32 cm
Width: 33 cm

　　画面是1个经过伪装的长方形人面像，左侧刻画了一只大耳，头顶有两个形似双耳的圆形饰物，两眼呈圆圈状，鼻子用一条竖线表示。

人面像
HUMAN-FACE IMAGES

新石器时代
纵32、横44厘米
Neolithic
Height: 32 cm
Width: 44 cm

　　画面有3个人面像，均呈圆形。最左侧的人面像眼、鼻基本备具；中间的人面像较大，相貌奇特，鼻子用一条竖线表示，从额头向下至口部，双眼用两个圆圈表示，左右侧各有一斜线连接到嘴角；最右侧的人面像十分抽象。

符号
SYMBOL

西夏
纵17、横18厘米
Xi Xia
Height: 17 cm
Width: 18 cm

刻画了1个形似压胜钱的图案，可能是仿照压胜钱刻画的一枚钱币。

羊与人面像
SHEEP AND HUMAN-FACE IMAGE

新石器时代
纵32、横23厘米
Neolithic
Height: 32 cm
Width: 23 cm

画面最左侧是1个人面像，右侧有上下相连的2个人面像，人像口、眼具备，右侧下方有2只羊。

牵马人
MEN LEADING HORSES

清代
纵67、横54厘米
Qing Dynasty
Height: 67 cm
Width: 54 cm

画面上方有1个方框，方框内有1个人在盘膝打坐，头戴饰物，双手合璧于胸前。方框上方有不明饰物。画面下方有4个牵马人，形似在吵架，所牵马匹均备马鞍，每个马背上均骑1个人。

众面像
HUMAN-FACED IMAGES

新石器时代
纵256、横185厘米
Neolithic
Height: 256 cm
Width: 185 cm

岩面有多条自然裂缝，画面基本完整，仅左侧下方有些残失。在主要位置上刻画着各种形态的人面像，头形轮廓多为圆形，少数为不规则形，有的鼻、眼、口备具，有的则部分缺失。这些形象的出现，或许与以人面像表示的神像的功能有关。此岩画表现了原始人的宗教信仰。

希博图岩画群

XIBOTU PETROGLYPHS

　　希博图岩画群位于阿拉善盟阿拉善右旗曼德拉苏木夏拉木嘎查西北14.9千米的希博图山，海拔1370米。希博图蒙古语意为"石堆"或"烽火台"。岩画分布在东西长3千米、南北长2.5千米的丘陵地带的黑色岩石上，有1200余幅。岩画的主要内容有山羊、盘羊、骆驼、马、牛、驴、狗、狼、放牧、骑者、飞禽、民间图案、足印、符号、文字等。岩画的刻制手法有凿刻和磨刻两种。根据岩画内容推断，此岩画群为新石器时代晚期、春秋战国、汉、元、明、清时期的作品。

　　The Xibotu Petroglyphs are located on Xibotu Mountain with an altitude of 1,370 metres, 14.9 kilometres to the northwest of Xialamu Gacha ("village"), Mandela Sumu ("township"), Alxa Right Banner, Alxa League. In Mongolian, Xibotu means "stone pile" or "beacon tower". The petroglyphs, over 1,200 in total, are located on black rocks in a hilly area stretching 3 kilometres from east to west, and 2.5 kilometres north to south. Common subjects include goats, argali, camels, horses, oxen, donkeys, hounds, wolves, herding, riders, birds, folk motifs, footprints, symbols and scripts. The techniques employed are incising and engraving. Judging by their subjects, these petroglyphs were created in the late Neolithic Age, Spring and Autumn and Warring States periods, Yuan, Ming and Qing dynasties.

骑者与不明物
RIDERS AND UNIDENTIFIED OBJECTS

铁器时代
纵45、横113厘米
Iron Age
Height: 45 cm
Width: 113 cm

画面左侧由"卐"符号、北山羊、骑者
等组成，另有用线条勾勒的几个图案，寓意
不详。

叉腰人与骑者
MAN WITH ARMS AKIMBO AND RIDERS

青铜时代、铁器时代
纵68、横54厘米
Bronze Age and Iron Age
Height: 68 cm
Width: 54 cm

此岩画是两个不同时期的作品，有明显的叠压关系，上方岩画年代要比下方早。上方发暗的部分画面模糊，只能分辨出一人形，应该属于青铜时代的作品。画面下方由骑者、双手叉腰人和马等组成。

系尾人
MAN WITH DECORATIVE TAIL

青铜时代
纵26、横48厘米
Bronze Age
Height: 26 cm
Width: 48 cm

　　画面为1个系尾饰的人，双臂微撇自然下垂，双腿叉开系尾饰。此岩画内容可能与生殖崇拜有关。

巫者
SHAMANS

青铜时代
纵22、横32厘米
Bronze Age
Height: 22 cm
Width: 32 cm

　　刻画了3个系尾饰的人形，均双手上举，腿呈蹲步，形似在跳跃。此岩画记录的是巫者正在施展法术的场景。

交媾
SEXUAL INTERCOURSE

青铜时代
纵26、横31厘米
Bronze Age
Height: 26 cm
Width: 31 cm

　　画面刻画了2个人形，呈颠倒对称式。上方的人形呈仰卧状，双手上举至头部，双腿叉开，下方的人形双臂平伸。此岩画反映的是古代人交媾的场景。

骑者与蒙古文
RIDERS AND INSCRIPTION IN MONGOLIAN

元代
纵45、横26厘米
Yuan Dynasty
Height: 45 cm
Width: 26 cm

　　画面上方有1行蒙古文，前面的字可能是"安答"的意思，意为结拜兄弟之意。下方有1个蒙古族文字，可能是一个人名。再下方有3个骑马者。

阿日格楞台岩画群

ARIGELENGTAI PETROGLYPHS

阿日格楞台岩画群位于阿拉善盟阿拉善右旗阿拉腾敖包镇巴音塔拉嘎查西北10千米，海拔1629米。阿日格楞台蒙古语意为"盘羊"，因此地经常有盘羊出没而得名。哈勒乌苏东南麓长2、宽1.5千米的山顶峭壁及沟边岸壁上分布着300余幅岩画。大多采用凿刻、磨刻法刻画。岩画内容有人面像、狩猎、围猎、放牧、骑者、羊、马、骆驼、虎、民间图案、记事符号等。根据岩画内容、制作手法推断，此岩画群为新石器时代晚期至汉代中晚期北方狩猎、游牧民族的作品。

Arigelengtai Petroglyphs is located on Arigelengtai Mountain with an altitude of 1,629 metres, 20 kilometres to the northwest of Bayintala Gacha ("village"), Alatan Aobao Town, Alxa Right Banner, Alxa League. In Mongolian, Arigelengtai means "argali". The mountain is thus named because it is a habitat of argali. On the cliffs and precipices in an area 2 kilometres long and 1.5 kilometres wide on the southeast bank of the Har Us Nuur Lake there are over 300 petroglyphs. The petroglyphs were mostly created with techniques of incising and engraving. The subjects represented include human-faced images, hunting, group hunting, herding, riders, goats/sheep, horses, camels, tigers, folk motifs, and descriptive symbols. Judging by the subjects and techniques, the petroglyphs were created by hunting and nomadic peoples in northern China from the late Neolithic Age to the mid and late Han Dynasty.

人面像
HUMAN-FACED IMAGES

新石器时代
纵25、横18厘米
Neolithic
Height: 25 cm
Width: 18 cm

岩画石质疏松，石面自然开裂，石皮脱落。由于时代较早，岩画和石面的颜色接近，图像较模糊。另有人面像及人面像与动物组成的图案，还有线条组成的图案，已无法辨认。

组合图案
COMPOSITE PATTERN

新石器时代
纵112、横176厘米
Neolithic
Height: 112 cm
Width: 176 cm

画面模糊，图像残缺。上方是线条组成的几何图案，形象怪异，画面中还有部分小圆形凹穴缀连在一起。画面上有后来刻画的藏文字母，下方为模糊不清的动物图案、马、羊、人等图像。

人面像
HUMAN-FACED IMAGE

新石器时代
纵45、横23厘米
Neolithic
Height: 45 cm
Width: 23 cm

刻画1个人面像，时代较早。

巫者
SHAMAN

青铜时代
纵45、横23厘米
Bronze Age
Height: 45 cm
Width: 23 cm

刻画了1个人形，双手上举，双腿呈劈叉状，脚尖向上。左面有一圆圈状的物体，比较模糊。此岩画反映的可能是一巫者。

雅布赖山脉手印岩画

HANDPRINT PETROGLYPHS IN THE YABRAI MOUNTAINS

手印岩画是原始人类最初产生的审美意识之物化，也是迄今人类最早的色彩图像，手印岩画"既是对手的赞颂和崇拜，又是原始人类对手的美感艺术的升华"。手印岩画是世界岩画中习见题材，目前我国的手印岩画发现的并不多，而在巴丹吉林沙漠南缘的雅布赖山脉已发现5处，它们分别是陶乃高勒、布布洞窟、特格几格上下洞和额勒森呼特勒，从雅布赖山脉西端的陶乃高勒洞窟到最东端的额勒森呼特勒洞窟全长35千米，呈一条线状分布排列。5个洞窟中共有76个手印岩画。在巴丹吉林沙漠地区出现如此密集的洞窟彩绘手印，不能不说是一个值得我们关注的问题，据笔者了解，巴丹吉林雅布赖山脉是我国洞窟彩绘手印岩画分布最多的地区，对我们研究洞窟彩绘手印岩画具有非常重要的意义。

Handprint petroglyphs are materialisations of early man's primitive aesthetics, as well as the earliest coloured images ever created by mankind. They are "not only a means of praising and worshipping the hands, but also a heightened form of art reflecting early man's perception of the beauty of the hands." Handprint petroglyphs are very common among petroglyphs worldwide. So far, not many of them have been discovered in China. They have thus far been found in five caves in the Yabrai Mountains to the south of the Badain Jaran Desert, which are respectively Taonai Gaole, Bubu Cave, Tegejige Upper and Lower Caves and Elesen Hutele. With Taonai Gaole Cave at the west end of the Yabrai and Elesen Hutele Cave, the easternmost one, they form a line and are distributed across an area stretching a total of 35 kilometres. In the five caves, there are altogether 76 handprint petroglyphs. The concentration of these coloured handprint petroglyphs in Badain Jaran is a phenomenon that demands our attention. As understood, the Yabrai Mountains in Badain Jaran is the place where the most coloured cave petroglyphs are concentrated. These petroglyphs are thus of great value to research on coloured handprint petroglyphs in caves.

布布手印岩画
BUBU HANDPRINT PETROGLYPHS

旧石器晚期
纵312、横189厘米
阿拉善右旗布布井洞窟
Late Palaeolithic
Height: 312 cm
Width: 189 cm
Bubujing Cave, Alxa Right Banner

　　该岩画分布于布布井洞窟内侧顶部，共发现褐红色颜料彩绘的手印11个，其中9个左手、2个右手。最大的手印长22、宽12厘米，最小的长15、宽10厘米。画面中有一个手形仅有四指。其手形制作系直接将手按于石壁吹喷而成，手部本身底色与岩壁固有色相同，这一点与欧洲旧石器时代洞穴手形岩画完全相同。该岩画是迄今为止人类最早的色彩图像，距今约13000年或更早，填补了我国彩绘手印岩画的空白。2005年由内蒙古自治区人民政府列为自治区级文物保护单位。

额勒森呼特勒手印岩画
ELESEN HUTELE HANDPRINT PETROGLYPHS

旧石器时代晚期
纵300、横520厘米
阿拉善右旗纳仁高勒额勒森呼特勒洞窟
Late Palaeolithic
Height: 300 cm
Width: 520 cm
Elsen Hotol Cave, Narin Gol Township, Alxa Right Banner

洞窟顶部的石壁上有27个褐红色颜料绘制的阴形手印，石质为本色，手形四周为褐红色，其中有1个手形呈黑色、2个手形带手臂。27个手形在分布上有组合、单个之别，左手23个、右手4个。根据手形来判断，手形制作是将手压在石面上，把赭石粉颜料用动物的血和水调和成液体，然后用管状物在石龛上吹制而成。据推断，此岩画为旧石器时代作品，距今约13000年。

额勒森呼特勒手印岩画
ELESEN HUTELE HANDPRINT PETROGLYPHS

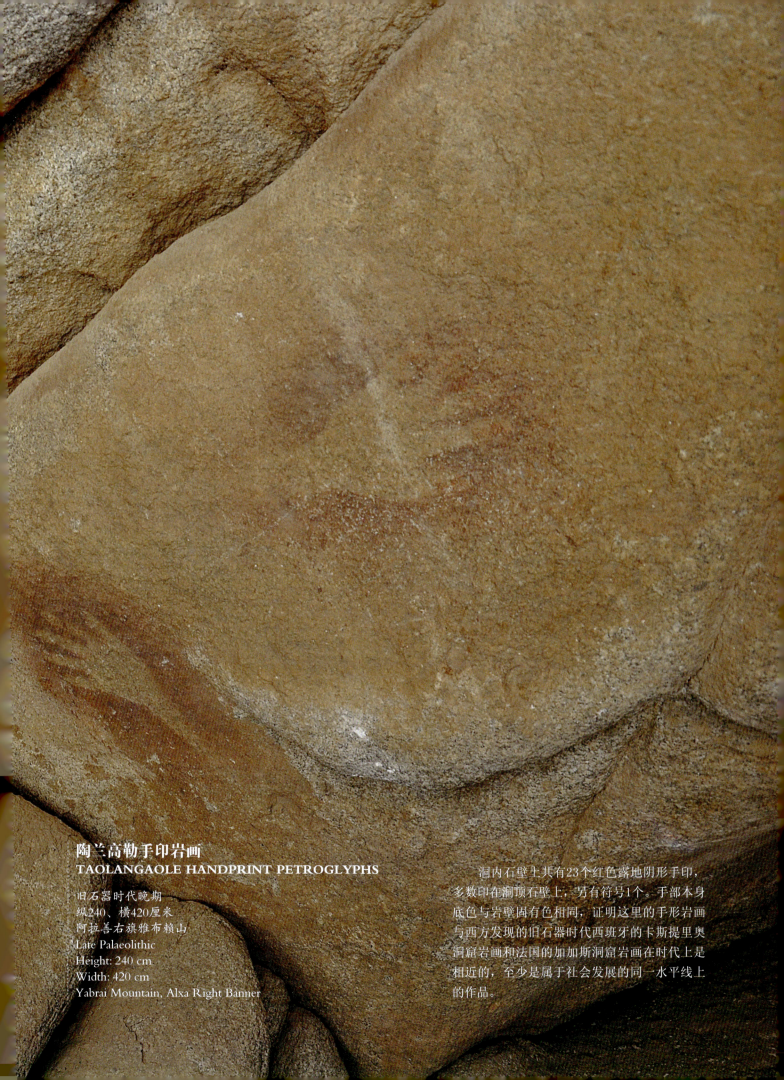

陶兰高勒手印岩画
TAOLANGAOLE HANDPRINT PETROGLYPHS

旧石器时代晚期
纵240、横420厘米
阿拉善右旗雅布赖山
Late Palaeolithic
Height: 240 cm
Width: 420 cm
Yabrai Mountain, Alxa Right Banner

　　洞内石壁上共有23个红色露地阴形手印，多数印在洞顶石壁上，另有符号1个。手部本身底色与岩壁固有色相同，证明这里的手形岩画与西方发现的旧石器时代西班牙的卡斯提里奥洞窟岩画和法国的加加斯洞窟岩画在时代上是相近的，至少是属于社会发展的同一水平线上的作品。

上洞手印

特格儿格高勒手印岩画
TEGEJIGE GAOLE HANDPRINT PETROGLYPHS

旧石器时代晚期
纵320、横1220厘米
阿拉善右旗特格儿格井
Late Palaeolithic
Height: 320 cm
Width: 1220 cm
Tegejigejng, Alxa Right Banner

岩画分布在特格儿格井上下两洞窟内，上洞窟东侧顶部石壁上能辨认的手印有12个，9个左手、3个右手，手指全部向上。下洞窟北侧石壁上有3个红色手印，2个左手为阴纹，其中一个带手臂，另外一个手印为阴纹，手印呈火炬状，此手印长24、宽18厘米，下方带手臂，手臂比任何洞窟内发现的手臂都粗壮，是否有特别的寓意尚不清楚。

下洞手印

龙首山岩画

LONGSHOU MOUNTAIN PETROGLYPHS

龙首山岩画地处巴丹吉林沙漠南90千米的山脉中。这里的岩画比较分散，岩画点大都地形复杂，岩画大多凿刻在险要的崖壁、沟口或河床交汇处，现已发现的岩画点有13处，分别是哈日根纳高勒岩画、坤岱图岩画、岱日图岩画、大花岭岩画、乌德哈布其拉岩画、双井子岩画等。岩画的内容有虎、蹄印、骑者、人面像、放牧、狩猎等，岩画制作手法主要采用凿刻法，刻痕较浅，线条古朴粗犷。由于龙首山自然环境相对较好，雨水较其他地方多，雨水对岩画的冲刷造成一定的损坏，多数岩画石面长满苔藓，画面大多模糊不清。根据岩画内容及色泽初步判断，该地区的岩画时代有早有晚，早期岩画可上溯到新石器时代，晚期下限至元、明、清时期。

The Longshou Mountain Petroglyphs are located in the mountain range 90 kilometres to the south of the Badain Jaran Desert. Fairly scattered, the petroglyphs are mostly carved on treacherous cliffs, at valley mouths or at joints of rivers—in a word, most of them are set in complex surroundings. Thus far, 13 sites have been discovered, which are respectively Harigenna Gaole Petroglyphs, Kundaitu Petroglyphs, Dairitu Petroglyphs, Dahualing Petroglyphs, Wudeha Bujila Petroglyphs, Shuangjingzi Petroglyphs, and so on. The subjects represented include tigers, hoof prints, riders, human—faced images, herding, and hunting. The primary technique employed is incising and this features shallow, coarse lines. Because of the good natural environment and comparative abundant precipitation in Longshou Mountains, the petroglyphs have been considerably damaged from rainwater erosion. Most of them are overgrown with moss, so the majority of the images are now blurry. Judging tentatively by their subjects and colours, the petroglyphs in this area can be dated to different times, from the Neolithic Age to the Yuan, Ming and Qing dynasties.

骑者
RIDERS

北朝～唐代
纵110、横168厘米
阿拉善右旗乌德哈布其勒
Northern Dynasties－Tang Dynasty
Height: 110 cm
Width: 168 cm
Ud Habqil, Alxa Right Banner

　　在崖壁突出位置凿刻了2匹体型矫健的马，上有骑者。左侧骑者一手扬鞭，一手持套马杆，形似在套取前方马背上的骑者。右侧上方的骑者马头高昂，三蹄落地，一个前蹄抬起，后腿弓曲，动感十足。此岩画再现了巴丹吉林地区游牧民族生产生活场景。

一匹马
HORSE

早期铁器时代
纵36、横43厘米
阿拉善右旗乌德哈布其勒
Early Iron Age
Height: 36 cm
Width: 43 cm
Ud Habqil, Alxa Right Banner

　　刻画了1匹马，双耳直挺，昂首甩尾，形态逼真，栩栩如生，动感十足。

虎
TIGER

青铜时代
纵28、横32厘米
阿拉善右旗乌德哈布其勒
Bronze Age
Height: 28 cm
Width: 32 cm
Ud Habqil, Alxa Right Banner

　　在岩壁上用单线刻画了虎的轮廓，中间留白，刻线较粗，虎的形体较大，肢体健硕，虎口张开，左腿前伸，呈伏食状，造型浑厚有力，凸显出虎的强健与勇猛。虎岩画在巴丹吉林岩画中所见不多，其出现证明巴丹吉林在远古时代有着良好的生态环境和自然环境。

虎与羊
TIGER AND GAZELLE

青铜时代
纵72、横112厘米
阿拉善右旗乌德哈布其勒
Bronze Age
Height: 72 cm
Width: 112 cm
Ud Habqil, Alxa Right Banner

在岩壁显要位置凿刻了1只体型硕大的虎。虎周围有羚羊、马等动物图形。虎只凿刻了外形轮廓，里面采取空白法。虎呈行进状，前腿前伸，虎口微张。此岩画气韵生动，给人以静中有动之感。

弓箭手
ARCHER

汉代
纵26、横15厘米
阿拉善右旗坤岱图
Han Dynasty
Height: 26 cm
Width: 15 cm
Kundait,Alxa Right Banner

　　凿刻了1个弓箭手，头戴饰物，可能是为接近猎物进行了简单的伪装。箭头呈三角形，证明弓箭制作技术已经非常成熟。人物造型生动，神态逼真，持弓人拉弓引箭，姿态优美。

藏文、弓箭手与骑者
TIBETAN INSCRIPTION, ARCHER AND RIDERS

明代、清代
纵87、横102厘米
阿拉善右旗坤岱图
Ming and Qing Dynasties
Height: 87 cm
Width: 102 cm
Kundait,Alxa Right Banner

　　画面凌乱，内容较多，有骑者、藏文、北山羊、人形等。画面右上方是藏文，可能是佛教中的六字真言。

打架
FIGHT

铁器时代
纵45、横65厘米
阿拉善右旗坤岱图
Iron Age
Height: 45 cm
Width: 65 cm
Kundait, Alxa Right Banner

　　画面左侧有1个人执弩，指向对面的2个人。右侧有2个人，一人执弓箭，箭在弦上，一人呈跑步状，双臂平伸，大跨步奔跑，脚下有一个模糊的图案，应是猎物。此岩画反映的是双方为争夺猎物而打架的场景。

六环重圈弦纹
MOTIF: SIX-RING "STRINGS"

商周时期
纵33、横46厘米
阿拉善右旗青井子
Shang-Zhou Dynasties
Height: 33 cm
Width: 46 cm
Qingjingzi, Alxa Right Banner

　　岩画凿刻了一个较大的六环重圈弦纹，纹样是单一的六条平行线条。这是古代陶器上常见的一种传统纹饰，出现于新石器时代，盛行于商周时期，直到汉代仍见沿用。岩画中的六环重圈弦纹可能与宗教或天象有关，也应该与陶器上出现的弦纹时代相同。

骑者
RIDER

青铜时代
纵42、横52厘米
阿拉善右旗青井子
Bronze Age
Height: 42 cm
Width: 52 cm
Qingjingzi, Alxa Right Banner

画面是1个人骑在马上，人物用立柱表示。采用敲凿和磨刻的手法制作。由于年代较早，岩画画面颜色与石头表面的颜色相近，难以辨别。

蒙古文
INSCRIPTION IN MONGOLIAN

现代
纵48、横56厘米
阿拉善右旗道布图
Modern
Height: 48 cm
Width: 56 cm
Daobutu, Alxa Right Banner

画面是一排蒙古文，字迹模糊。经当地蒙古族老师辨认，画面中所刻的文字可能是"查干楚鲁"、"乌日图那生"、"其其格"等，均系人名。

鹿、马与羊
DEER, HORSE AND GAZELLE

青铜时代
纵67、横189厘米
阿拉善右旗青崖腰
Bronze Age
Height: 67 cm
Width: 189 cm
Qingyayao, Alxa Right Banner

画面中凿刻了许多动物，能够辨认的有鹿、马、羚羊、岩羊等。此岩画反映了这个地区的动物种类。

人面像与动物
HUMAN-FACED IMAGE AND ANIMALS

青铜时代
纵124、横89厘米
阿拉善右旗伊克尔布日
Bronze Age
Height: 124 cm
Width: 89 cm
Yikerburi, Alxa Right Banner

画面与石面的颜色相近，采用凿刻方法制成，大多数动物只刻画了轮廓，中间留白。此岩画内容主要有人面像、奔跑的盘羊、北山羊等图案。

骑者与叉腰人
RIDER AND MAN STANDING WITH ARMS AKIMBO

北朝～唐代
纵44、横56厘米
阿拉善右旗依克尔布日
Northern Dynasties－Tang Dynasty
Height: 44 cm
Width: 56 cm
Yikerburi, Alxa Right Banner

该画面左侧依次有1个"⊕"形符号、1匹马形、1只飞鹰。画面中间有1个骑驼者，头顶有半圆形饰物。其右侧有1个人形，双手叉腰，系尾饰。右侧下方有1个骑马者、1个双手叉腰人，马背备鞍。

舞者与人面像
DANCERS AND HUMAN-FACED IMAGE

早期铁器时代
纵36、横47厘米
阿拉善右旗依克尔布日
Early Iron Age
Height: 36 cm
Width: 47 cm
Yikerburi, Alxa Right Banner

画面右侧凿刻1个舞者，双手上举，双腿分叉，臀部系尾饰。左侧图形似1个供桌，台面上插1个人头，人头面部五官齐全，可能是巫者施展法术之用。画面左下方有1个正在翩翩起舞的人。此岩画可能记录的是巫术或祭祀的场景。

符号与人
SYMBOLS AND HUMAN FIGURE

青铜时代
纵118、横234厘米
阿拉善右旗双井子
Bronze Age
Height: 118 cm
Width: 234 cm
Shuangjingzi, Alxa Right Banner

画面由饰尾人、牛、羊、符号组成。采用直线条凿刻法制作，线条流畅，刻痕较深。此岩画对于分析研究巴丹吉林岩画刻画手法具有非常重要的意义。

虎狼猎食
TIGER AND WOLF PREYING UPON ANIMALS

青铜时代
纵84、横98厘米
阿拉善右旗花石头顶
Bronze Age
Height: 84 cm
Width: 98 cm
Huashitouding, Alxa Right Banner

画面上方刻画了1只虎，正在撕扯前方的动物，下方有1只翘尾的狼奔向猎物。此岩画反映的是老虎与狼猎食的场景。

系尾人与北山羊群
MAN WITH DECORATIVE TAIL AND IBEXES

铁器时代
纵21、横34厘米
阿拉善右旗查干陶荣木
Iron Age
Height: 21 cm
Width: 34 cm
Chagantaorongmu, Alxa Right Banner

画面中有3只用线条刻画的北山羊和1个横置的人形，人呈棍棒形，上肢细长，四肢较短，双臂自然下垂，双腿微叉系尾饰，可能是一个伪装的猎人。

交媾
COPULATION

青铜时代
纵28、横39厘米
阿拉善右旗查干陶荣木
Bronze Age
Height: 28 cm
Width: 39 cm
Chagantaorongmu, Alxa Right Banner

画面左上方有2个呈仰卧颠倒状交媾的人形。右侧有4只受惊吓向右侧奔跑的北山羊。最右侧上方有1个圆圈缀连在一起的图案，可能期望多生子或能够多繁殖一些动物。

放牧
HERDING

铁器时代
纵110、横94厘米
阿拉善右旗查干陶荣木
Iron Age
Height: 110 cm
Width: 94 cm
Chagantaorongmu, Alxa Right Banner

画面左上方有1个放牧人，驱赶着一群山羊，羊群中还有混群的大角北山羊。此岩画反映的是放牧的情景。

参考书目
Reference

1. 陈兆復：《中国岩画发现史》，上海人民出版社，1991年。

2. 盖山林：《巴丹吉林沙漠岩画》，北京图书馆出版社，1998年。

3. 马西巴图主编《阿拉善右旗志》，内蒙古教育出版社，2000年。

4. 张亚莎：《西藏岩画》，青海人民出版社，2006年。

5. 杨超、范荣南：《追寻沙漠里的风——巴丹吉林岩画研究》，九州出版社，2010年。

6. 包金主编，范荣南、景学义、张震洲编著 《草原文明见证（阿拉善右旗卷）》，黄河

出版传媒集团阳光出版社，2012年。

7. 王毓红：《羊书：一种象形表意石头文》，商务印书馆，2012年。

后　记
POSTSCRIPT

　　古代先民用智慧和灵巧的双手在巴丹吉林沙漠南缘的山地岩石上镌刻了成千上万幅精美的岩画艺术作品。这些作品以丰富的历史信息、深厚的文化内涵和突出的美学价值，呈现出无穷的人文和艺术魅力，深深地吸引着我，使我逐渐变得执著而痴迷。

　　巴丹吉林岩画是历代先民留给我们的珍贵历史文化遗产。这些年，在各级党委、政府和文化主管部门的高度重视下，在社会各界的大力支持下，经过几代文物工作者的辛勤努力，巴丹吉林岩画在保护、研究和宣传方面取得了可喜的成果。

　　我是一名最基层的文物保护工作者，20世纪80年代初，第一次见到几张岩画照片后，便对岩画产生了极大的兴趣，在之后的20多年中，始终以岩画为伴，先后对巴丹吉林地区的69处岩画群进行了系统的调查。并带领我们的团队对发现的每一组岩画进行拍照、测量、编号和GPS定位。最让我欣慰的是，经过十几年的努力，建立起了巴丹吉林岩画图库，形成了一套完整的巴丹吉林岩画档案资料。现在，我已到天命之年，由于长期在野外山地工作，双膝磨损严重，每去一次岩画点，最难的就是两腿不听使唤，双膝疼痛难忍，以至于肿上好几天，但为了岩画我无怨无悔。

　　为使巴丹吉林岩画能够得到更广泛的保护、研究和宣传，我一直有一个心愿，就是将我们多年调查的成果，进行整理并加以公布，以期抛砖引玉。因篇幅有限，不能将3万余组岩画一一展示，只能从中精选出300多幅作品，敬献给大家，与大家共享共勉。

　　本书编撰过程中，我大量阅读和参考了陈兆復、盖山林、张亚莎、杨超和王毓红等专家学者的有关文章及著作，使我受益匪浅，对我编撰这部画册起到极大的帮助，谨向他们致以深切的谢忱和敬意。

　　在此，我非常感谢内蒙古自治区文化厅副厅长、内蒙古自治区文物局局长安泳鍀同志在百忙之中为本书作序，令我感动。感谢曾经帮助过我们的各位领导和朋友，感谢与我同甘共苦的岩画调查人员，也感谢阿拉善盟文物局局长景学义和副局长巴戈那对我们在岩画调查期间的帮助与支持。

由于本人学疏才浅，对书中的每一幅岩画的理解和介绍难免存在差错，许多是笔者自己推测的，只是看图说话，看着葫芦画瓢。但这也是我们对岩画解读的一个初步汇报，谬误之处尚请同行和读者批评指正。

范荣南

2014年7月10日